KB078612

버지니아 울프

살아남은 여성 예술가의 초상

차례
Contents

지금 왜 울프를 읽는가

버지니아 울프를 둘러싼 이미지들

버지니아 울프에게는 서로 상반되는 이미지들이 있다. 제일 먼저 떠오르는 것은 우리가 가장 흔히 보는 사진 속의 그 연약한 듯, 우울한 듯하면서도 지적인, 젊은 시절의 모습이다. 이 스물몇 살 무렵의 울프는 열세 살에 어머니의 죽음을 맞이한 뒤 겪은 심한 신경쇠약증세, 스물두 살 때 아버지의 죽음으로 증폭된 심각한 정신질환과 자살 시도 등으로 얼룩진 어둠의 터널을 지나고 있었다. 그러나 이 시기는 그녀가 처음으로 문학잡지에 익명의 서평과 에세이를 쓰기 시작하며 작가가 되는 길을 암중모색하던 때이기도 했다.

젊은 시절의 울프

두 번째 이미지는 그 여려만 보이던 여성작가에게 바처진 좀 의외다 싶은 '실험적 모더니스트'로서의 명성이다. 이것은 후기 빅토리아 시대에 태어나 첫 현대인의 삶을 살았던 신진 소설가로서 당대의 선배 리얼리즘 작가들에게 감히 도전, 인간의 내부의식을 탐사하는 새로운 버전의 리얼리티를 제시한 혁신가에게 붙여진 이름이었다. 이것은 또한 그녀의 독특한 '의식의 흐름' 기법이 나이 마흔셋에 나온 『댈러웨이 부인』에서 처음 성공적으로 완성되고 2년 뒤 『등대로』에서 절정을 이룬 데 대한 당연한 명성이었다.

또 다른 하나는 이와 대비된 부정적 이미지인데, 엘리트 지식인들로 구성된 블룸즈베리 그룹의 일원이었던 그녀의 작품이 개인의 사소한 경험이나 일상에서 일어나는 긴장과 관계에만 치중하고, 대중과는 거리가 먼 상류층의 삶만을 보여준다는 비판이다. 『댈러웨이 부인』의 수상이 초대되는 파티, 『등대로』에 나오는 콘월 지방의 여름 별장 등 부유층 사람들만이 아는 경험이나 장소를 작품의 배경으로 한다는 점이 그녀를 속물적 탐미주의자로 보이게 했을 것이다. 그녀의 명성에 흠을 낸 그

같은 계급적 편견에서 울프가 완전히 자유로울 수는 없을지 모른다. 하지만 그녀가 블룸즈베리 그룹의 일원들과 평생에 걸친 우정을 나눈 것과는 별도로, 그녀의 문학세계가 그들로부터 큰 영향을 받은 것이었다고 말하기는 어렵다. 이 그룹과 교유하며 여성 모더니스트 작가로서의 정

노년의 울프.

체성을 형성해 가던 시절, 그녀는 이미 자신의 입장이 이 그룹의 '교육받은 남자'들의 입장과 같지 않음을 뼈아프게 인식하고 있었기 때문이다.

마지막으로 수줍던 초년병 작가의 모습과 사뭇 대비되는 50대의 당당한 페미니즘 에세이 작가로서의 모습을 빼놓을 수 없다. 울프는 자신의 명성이 확고히 자리잡힌 47세에 『자기만의 방』을 쓴 바 있다. 이것은 역사적으로 여성을 배제시켜 온 가부장제에 대한 분노를 발랄한 재치와 풍자적 어조를 통해 매우 조심스럽게 조율시킨 에세이였다. 하지만 56세에 출판된 『3기니』에서의 울프는 이전의 억제된 자기 검열조차 훌훌 벗어 던지고, 당시나 지금이나 모든 남성들의 심기를 매우 불편하게 만드는 과격하고 급진적인 페미니즘 의식을 명쾌히 드러

낸다. 캐롤린 하일브런은 '50대의 울프'라는 제목의 논문을 써 50대 이후의 울프에게 나타난 변화에 주목한 바 있다.[1] 이전의 울프가 예술과 정치선언을 분리하며 문학의 예술적 형식을 존중하려는 입장을 고수했다면, 후기작에서는 결국 인생의 사적인 면모들이 정치라는 공적인 세계와 분리될 수 없는 동전의 양면임을 거침없이 표현한다. 하지만 모더니즘 작가 울프가 전달하는 페미니즘적 메시지는 언제나 개인의 일화나 전기적 요소들을 바탕으로 한 유동적인 형식 속에서 재치와 유머와 아이러니가 함께 어우러지는 문학적 양상으로 드러난다.

울프의 작품에 다가가기

버지니아 울프는 20세기 초의 모더니즘 문학을 빛낸 중요한 모더니스트라는 입지 외에도, 제임스 조이스, 조셉 콘라드, 프루스트, 카프카 같은 당대 남성 모더니스트들과 동등한 지위를 누리며 비중 있게 논의될 수 있는 유일한 여성 모더니스트의 자리를 차지한다. 그럼에도 불구하고 일반 독자의 입장에서는 선뜻 다가가 한 권 두 권 작품을 읽어낼 수 있는 그런 작가는 아닌 것 같다. 그 높은 명성만을 귀담아 들었을 뿐 작품은 한 번도 읽어 본 적 없는 방관자에게 버지니아 울프는 박인환의 시 「목마와 숙녀」에 나오는 구절이나 에드워드 올비의 희곡 「누가 버지니아 울프를 두려워하랴?」의 제목 이상의 의미를 던져 주지는 못할 것이다.

그리고 꼭 그런 경우까지는 아니더라도, 아마 울프의 작품을 한 권이라도 끝까지 공감하며 읽었을 독자가 그리 많지는 않을 것 같고, 더구나 그녀의 작품을 여러 번 읽고서 사람들의 마음속에서 벌어지는 가지가지 생각과 감정을 그대로 재현해내는 울프의 독특한 문체를 사랑하게 된 독자는 더욱더 적을 것으로 생각된다. 애정을 가지고 다가간 많은 독자들은, 오히려 (어수선하기 짝이 없는 데다 별로 중요한 사건도 없이 사소한 감정만 미주알고주알 늘어놓는) 버지니아 울프의 글을 미워할 이유만 잔뜩 찾아낼 것이다. 사실상 그녀의 소설은 아주 '깊이' 읽거나, 아니면 아예 읽지 말아야 한다. 이야기에 집착하는 사람이라면 짜증이 나서 곧 포기해버릴 것이기 때문이다.

실험적 작가

그녀의 작품은 왜 쉽게 읽히지 않을까? 그것은 그녀가 전통 소설의 관례에 도전하여 새로운 실험적 기법을 구사하기 때문이다. 그녀는 플롯, 줄거리, 인물 설명 같은 외적인 세계의 재현을 거의 무시하고 모든 중심을 '내부에서 본 삶'에 둔다. 이전의 19세기 사실주의 소설들(우리가 잘 아는 찰스 디킨스, 제인 오스틴, 토마스 하디 등)처럼 소설의 첫 부분에서 앞으로 벌어질 이야기 속의 인물이나 배경, 사건 등을 친절하게 설명해주질 않는다. 그저 '느닷없이' 어느 시점, 어느 장소 속에 있는 인물의 마음속으로 들어가버린다. 그리고는 독자로 하여금 그 사람이 되어 주변 사람들의 생각이나 표정, 감정을 눈치껏 살펴 이해하도록 노력하게 만든다. 울프는 그런 식으로 해서 이 사람 마음에서 저 사람 마음속으로 우리를 데리고 다닌다. 한마디로 작가는 사람들의 '밖에 서서' 설명하지 않고 사람들 '안으로 들어가', 밖에서는 보이지 않고 들리지도 않는 그 사람 마음속의 느낌과 생각을 포착한다. 이것이 '의식의 흐름 기법'이다. 내면의 의식 속에서 동시적으로 마구 일어나는 생각이나 냄새, 소리, 촉감 등의 감각과 감정을 작가의 손길로 교통정리하지 않은 채, 경험되는 순간의 모습 그대로 물 흐르듯 기록하는 것이다. 이러한 기법과 문체를 어렵다고 느끼는 독자가 많다.

하지만 이 새로운 버전의 리얼리티 개념은 어찌 보면 너무나 이해하기 쉽다. 우리의 일상생활을 들여다보자. 아침에 일어나 밤에 잠자리에 들 때까지 우리는 밥을 먹고, 차를 타고, 일을 하고, 사람들과 얘기하지만, 실상 이리저리 이동하고 행동할 때, 심지어는 타인과 대화할 때조차 머릿속으로 수많은 생각을 한다. 하루 24시간 중의 상당 부분이 생각하는 것에 바쳐진다. 그리고 생각이란 것은 현재에만 머무르는 것이 아니다. 지하철 계단을 내려가다 스치는 한 남자의 얼굴이 옛날 내 애인과 너무 흡사할 때, 나의 생각은 어느새 연애하던 과거 시절로 돌아가 한참을 머문다. 그러다가 이어서 '앞으로 나는 어떻게 될까' '결혼할 수 있을까' '혼자 사는 내 모습은 어떨까' 하고 미래를 향해 나아간다. 그러나 창밖을 보니 이제 내릴

때가 되었고, 그래서 생각은 다시 오늘 있을 회의의 안건으로 돌아오고 만다. 삶의 진상이 이럴진대, 리얼리즘 작가들처럼 외부 묘사에만 치중하는 방식은 도리어 비사실적이고 거짓된 방식이 아닐까? 따라서 울프는 겉으로 나타나는 행동이나 대화는 차라리 괄호나 침묵 속에 넣고, 인물들이 마음속으로 하는 생각들에 집중한다. 실험적 모더니스트 울프에게 진정한 실재는 '내부에서 본 삶'에 있다. 그리고 그것을 효과적으로 재현하기 위해 동원하는 것이 인물의 머릿속, 마음속으로 들어가는 의식의 흐름 기법이다. 이 실험적 기법이 가장 멋지게 나타난 작품이 『등대로』이고 이 소설의 첫 두 페이지는 바로 인물들 사이의 생각 안과 밖을 자유자재로 오가며 기록하는 데만 오롯이 바쳐진다.

여성의 내면에 주목한 작가

울프의 또 하나의 도전은 여성들의 삶에 시선을 두었다는 사실에서 발견된다. 그녀는 '서술된 적 없는 여성들의 삶'을 기록할 새로운 형식을 발견하고자 했다.[2] 당시까지의 문학세계에서 그려진 여성의 모습은 성적인 대상 아니면 아내와 어머니로서의 모습이었을 뿐, 진정 여성 개개인이 경험하는 삶이나 그 내면세계는 다루어지지 않았다. 그녀는 『자기만의 방』에서 어떤 전기나 역사책도 여성들의 구체적인 삶을 기록하지 않았다고 주장하면서, 그 '기록에 실리지 않은 삶의 축적'으로부터 '무언의 압력'을 느낀다고 말한 바 있다.[3] 그래서 울프는 빅토리아 시대의 여성 적대적 가정문화와 사회적 인식을 직접 경험한 여성으로서의 정체성을 늘 염두에 두었다. 물론 울프 자신이 여성작가이니까 여성을 제대로 재현하려 노력했다고 쉽게 말할 수도 있다. 그리고 그것은 당연한 귀결처럼 보일 수 있다. 하지만 모든 문학 편집자, 잡지 소유주, 출판업자와 평론가들이 남자였던 당시의 강력한 남성 중심 문단에서 작업해야 하는 여성작가의 입장을 생각해 보면, 철옹성 같은 기존의 가부장적 문화와 의식에 대항해 싸우는 일을 자기의 문학노선으로 택한다는 것은 말처럼 쉬운 결정이 아니었을 것이다.

사실상 눈에 보이는 외적 세계의 재현에 치중하는 당대의 사실주의 문학관에서 여성의 세계는 거의 '보이지 않았다'고 해도 과언이 아니다. 여성은 학교도 다니지 않고, 사무실에서 일하지도 않으며, 어떤 단체에 속하지도 않고, 위원회에 가입하지도 않는다. 그들은 주로 집 안에만 머물면서 남편을 내조하고, 아이들을 키우고, 집안을 건사하고, 노인이나 병자를 간호하는 삶, 즉 주로 감성과 감정세계를 담당하게 되어 있다. 그러므로 여성의 세계를 효율적으로 드러내기에는 공적인 외부세계가 아니라 내부로 들어가 인간의 내면에서 일어나는 경험을 묘사하는 모더니즘 기법이 아주 적합한 도구가 된다.[4] 당대의 위대한 모더니즘 남성작가들과 구분되는 여성 모더니스트로서의 울프의 자리는 이렇게 해서 생긴다. 실제로 초기 울프 비평에서 가장 많이 거론된 불만 중에는 그녀의 실험적 기법 때문에 인물묘사와 플롯이 불분명해져 일반 독자들이 이해하기 어렵다는 사실 외에도, 그녀가 성차별화된 경험에 치중한다는 지적이 있었다. 그녀의 이런 측면은 1970년대의 정신분석학적, 전기적 비평이나 페미니즘 비평이 나오기 전까지는 결코 호의적으로 받아들여지지 못했다.

급진적 세계관

그렇다면 울프가 내면의 세계를, 그것도 여성들의 내면세계를 주로 다루는 까닭은 무엇인가? 그것은 당시의 기준으로 보기엔 매우 과격한 생각에서 비롯된다. 즉, 인간의 경험은 사람마다 다르고 주관적이라는 것이다. 같은 사건이나 환경이라도 사람들은 각자의 성, 계급, 경제 여건에 따라 그것을 다르게 해석하고 경험한다. 그러나 지금까지 인간의 모든 경험은 하나의 객관적 진실에 의해 재단되었고, 그 기준에 벗어나는 경험은 진실이 아닌 것으로 규정되어 왔다.

울프에 의하면 모든 것에는 두 층위의 진실이 함께 존재한다. 삶 속에는 죽음이 드리워 있고, 표면에 보이는 것 밑에는 심연 속의 진실이 있다. 때문에 울프는 그 두 층위를 함께 아우르고자 한다. 공적 영역과 사적 영역, 여성적 가치와 남성적 가치, 정상과 비정상, 안과 밖 모두를 동시에 거느리며 제시할 수 있는 어떤 새로운 소설적 형태와 모양(form and shape)을 추구한다. 그러나 지금까지의 서구문명이란 그 둘을 인위적으로 갈라놓는 이원론적 철학을 기반으로 형성되었고, 그 중에서도 공적 가치, 남성적 가치에 해당되는 항목만을 진리로 삼고 그와 대립되는 항의 존재들은 무시했다. 따라서 당연히 지금까지의 문학사에는 중산층 백인 남성의 목소리만 들렸다. 실제 우리의 삶 속에서 우위를 차지하고 있는 것은 남성적 가치를 대변하는 항목들이기 때문이다.

삶에서의 가치판단 기준은 결국 문학 속으로 전이된다. 울프 당시의 1910~1920년대 영국 문학계는 남성이 지배하는 문화였으므로 소설 속에서 여성들의 삶을 이루는 요소는 주관적인 것으로 폄하되었다. 그러므로 울프가 여성을 다루었다는 것은, 단지 여성만이 아니라 지금의 문화에서 타자로 여겨지는 모든 이들의 생각과 경험이 중산층 백인 남성의 것과 똑같이 타당하고 유효한 것임을 설파하는 것이다. 이러한 울프의 급진적 세계관은 노동자, 흑인, 여성에 대한 우리의 시선을 넓혀주었고, 그녀의 모더니즘은 이 세상에는 여러 가지 관점이 있음을 증명해 주었다고 할 수 있다.

울프 문학의 매력

여성독자들이 울프를 더 좋아하는 이유는 그녀가 여성의 삶을 잘 표현했기 때문이다. 공적이고 업적 지향적인 남성 중심의 문화 속에서 자기 삶의 의미를 찾지 못하고 때로는 열등의식에 시달리는 여성들에게, 여성들의 일상이 들여다볼 만한 가치가 있으며, 또 애써 얻은 잘난 업적들보다 더 중요하다고 말하기 때문이다. 칼 융의 원형심리학적 관점을 견지하는 에

스터 하딩에 의하면, 지금까지 소홀히 여겨져 온 가치들 중 가장 중요한 것은 주관적 요소이다. 하딩은 "삶의 내면적이고 주관적인 면모가 경멸당하면서, 특히 여성 존재의 본질적 가치가 크게 왜곡"되었으므로 "서구문명에서 남성원칙이 차지하는 독점적 우위와 대등하게 설 여성원칙을 새로 검토할 필요성"이 있다고 주장한다.5) 결국 울프의 모더니즘은 여성원칙을 새로 검토하는 실천적 방식이며 여성의 내면세계에 빛을 비추는 페미니즘적 시도가 된다.

남성독자들에게도 울프는 똑같은 매력을 발산한다. 특히 '인간이 어떻게 사고하며 서로 어떻게 관계를 맺는가?' '사람은 왜 사는가?' '남자와 여자가 어떻게 함께 살 수 있는가?' 하는 문제들에 관심이 많은 사람이라면 말이다. 많은 남성들이 울프를 싫어하고 이해하기 어렵다고 말하는 것은 남성들의 잘못이라기보다 어쩌면 우리 문화의 잘못일지 모른다. 지금의 문화는 외적인 면모, 업적, 더 많은 권력, 더 많은 쾌락의 추구를 향해 질주한다. 그러나 가끔은 더 많은 것에 대한 쉼 없는 야망에서 잠시 멈춰 삶의 순간에서 느껴지는 아름다움을 음미하고, 그 아름다운 순간을 순간이나마 붙들어 두려는 울프의 미학에 젖어볼 필요가 있지 않을까?

그렇다면 울프의 작품세계가 지니는 독특함을 어떻게 설명할 것인가. 모더니즘적 실험으로만 해석하면 동시대 남성 모더니스트 작가들과 분명한 차이를 보이는 그녀의 특이한 위치가 잘 설명되지 않는다. 또한 울프 스스로 여성 참정권 운동가들에 대해 매우 회의적인 태도를 보였고 작품 곳곳에서 누차 남녀의 합일을 상징하는 양성성을 반복해서 주장하기 때문에, 전투적인 페미니스트 이론가나 행동주의자만으로 보기엔 무리가 따른다. 사실 지금까지의 울프 연구 비평사를 보면, 1960년대까지는 의식의 흐름 기법을 사용한 모더니스트 작가로 조명되다가, 페미니즘의 영향을 받은 1970~1980년대 이후로는 울프의 페미니스트적 면모만을 강조한 경향이 있었다. 그러나 울프 문학세계의 두 핵심 키워드인 모더니즘과 페미니즘은 각기 따로 작동하는 것이 아니다. 그 두 가지가 서로 방편이 되고 통로가 되면서 효율적으로 상호 작용한다는 데에 울프 문학의 묘미가 있다. 모더니즘적 실험이 페미니즘적 주제를 담아 옮기는 멋진 통로가 되는 울프의 독특한 세계는 결국 모더니즘과 페미니즘의 융합으로 엮어낸 예술적 매듭일 것이다.

지금 우리가 울프를 읽는 까닭

많은 독자들이 불평하는 '난해함'에도 불구하고 우리가 지금 울프를 읽는 까닭은 무엇인가. 아마도 그녀의 급진적 세계관과 실험적 기법이 낳은 새로운 통찰이 21세기를 사는 현재의 우리에게 아직도 시사성이 크기 때문일 것이다. 20세기의 인류가 이루어낸 문명과 기술은 우리의 삶을 엄청나게 풍요롭게 만들어 주었지만, 지난 세기는 또한 두 차례의 전쟁과 파시즘, 독재, 제국주의로 얼룩진 시기이기도 했다. 세기가 새로 바뀌고 기술의 발달이 더욱 화려해져도, 인류는 아직도 '인종과 종교 때문에' '계급의 차이 때문에' 그리고 '유대인이고 민주주의자라는 이유로' '여자라는 이유로' 서로를 적대시하며 전쟁과 반목의 양상을 계속하고 있다.6) 울프는 인간이 서로를 다르다는 이유 하나로 가르고, 분리하고, 편을 만드는 한, 그 이분법적 가치관에 기초해 강자는 약자를 지배할 수 있다는 가부장적 가치관이 팽배해 있는 한, 파시즘적 국가의 독재가 지배하는 전쟁과 파괴의 양상은 불가피하다는 것을 작품을 통해 분명한 목소리로 주장했다.

울프는 의식의 흐름 기법을 통해 인간 내면의 정신세계 속으로 잠수하여 겉으로 안 보이는 측면이 얼마나 광활하고, 복잡하고, 다층적인지를 보여준다. 그리고 더 나아가 지금까지 드러난 적 없는 여성의 세계로 하강해, 그 낯선 세계를 탐사한다. 하지만 울프는 거기에만 머물지 않는다. 여성의 세계가 더 우월하다고 말하지도 않는다. 그녀는 다시 수면 위로 올라와 양쪽의 경계를 허물어버린다. 자꾸만 경계를 짓고, 벽을 쌓아 올리고, 구분하려드는 가부장적 사회 속에서 울프의 문학이 지니는 의미는 바로 그 '대립 넘기' '경계 허물기' '대립된 현실세계를 동시에 포착하기'에 있다고 할 수 있다.

울프의 문학은 대립되어 보이는 모든 것 사이의 간극을 연결하려는 시도이다. 그녀의 모든 글쓰기는 삶과 죽음 간의 괴리를, 인간 사이의 분리를, 과거의 기억과 현재의 삶과의 간극을, 남자와 여자를, 내면세계와 행동세계를, 정상성과 광기를,

사적 영역과 공적 영역을, 정치와 예술을 연결하려는 시도였다. 그것을 어떻게, 어떤 '형식'을 통해 연결시킬 것인가의 과정이 바로 울프의 모더니즘적 실험이다. 울프는 그 실험을 통해 분리된 것들을 연결하면서, 각각의 다양한 시각과 세계가 똑같이 중요한 것임을 알리는 페미니즘적 성찰에 도달했다. 그리고 그로써 영국 문학 속의 그 많은 위대한 남성작가들과 자신을 차별화하는 데 성공했다.

살아남은 여성 예술가의 초상

사적인 경험에서 공적인 정치학을 발견하기

대범한 모더니즘의 기수이자 페미니즘의 대모로 비쳐지는 울프의 실험적인 생각들이 상류층 문인 가문 출신 작가의 안락한 삶이라는 기반을 통해 매우 수월하게 형성되었을 것이라고 생각하는 사람들이 많을 것이다. '그 정도 유리한 생의 조건이라면 무슨 실험은 못 하겠는가'라는……. 실제로 블룸즈베리의 일원이었던 소설가 E.M. 포스터도 울프에게는 페미니즘에 심취할 만한 불평의 여지가 전혀 없다며, 그녀의 페미니즘을 무시한 바 있다. 그러나 사실 울프의 삶을 자세히 들여다보면 그런 말을 할 수 없다. 대개의 모더니즘 남성작가들이 20

-30대 젊은 시절에 그 실험성을 화려하게 과시했다면, 울프의 경우는 40대에 들어서야 비로소 자기만의 목소리를 발견할 수 있었다. 울프는 1922년 7월 26일의 일기에서 "나는 나이 사십이 되어 이제 무엇인가에 대해 나만의 목소리로 말할 수 있는 방법을 찾아냈음을 확신한다"고 썼다.[7] 모더니즘과 페미니즘을 엮는 울프의 여정은 이처럼 오랜 시간의 좌절과 모색과 실험을 동반해야 했다.

영국 문단의 영향력 있는 문인을 아버지로 둔 덕분에 작가로서 꽤 좋은 조건에서 성장한 울프를 이처럼 지체시킨 사연은 무엇이었을까? 아마도 여러 차례 발병한 신경쇠약과 그에 동반한 신체적 질병들 그리고 그녀의 가족사가 무엇보다도 큰 장애였을 것이다. 특히 울프에게는 가족사가 자신의 삶과 정신에 중대한 영향을 미쳤다. 일반적으로 작가의 정신세계에 가족이 끼치는 영향은 지대하기 마련이지만, 특히 그녀의 작품은 언제나 자신의 개인적인 경험에 대한 기억과 생각을 재구성하는 것에서 출발했다. 그리고 바로 그 개인적인 가족사와 문화를 바탕으로 그녀의 공적이고 사회적인 정치의식이 형성되었다. 때문에 그녀의 일생에 관한 전기적 기록, 그 중에서도 모더니스트로서의 자기 위치를 정립하려 애쓰던 30대까지의 모색기간을 유심히 들여다볼 필요가 있다.

학자이건 예술가이건, 한 개인이 낳은 작품은 결국 그가 살아온 인생의 반영일 수밖에 없다. 따라서 어느 작가의 문학세계를 이해하고자 할 때는 그의 성장사를 살펴보는 것이 매우 중요하다. 작품과 일생은 별개의 것이니 작품 자체만을 얘기하자고 하지만, 버지니아 울프 스스로 말했듯이 예술은 공중에 떠 있는 어떤 것이 아니다. 소설은 '상상력에 의한 작업이긴 하지만' 거미집과 같아서 그 '네 귀퉁이가 모두 삶에 부착되어' 있는 것이다.[8] 그것은 고뇌하는 인간들의 작품이며 건강과 돈과 집처럼 지극히 구체적인 것에 부착되어 있다. 작품이 삶의 조건에서 싹 틔워지는 것이라면 작가의 전기적 사실들을 경시할 수 없다.

버지니아 울프는 9편의 소설과 여러 단편들, 5권으로 편집된 일기와 6권의 편지집 그리고 현재까지 편집 작업이 계속 진행중인 6권 분량의 에세이 등 엄청난 규모의 저작을 남긴 작가이다. 버지니아 울프의 삶 중 어느 지점에서, 어떤 양상을 거쳐 그런 작품들이 나오게 되었는지 하는 그 연관성에 유의한다면, 독자의 입장에서 그녀의 세계를 이해하는 데 큰 도움이 될 것이다. 울프의 일생에 대해서는 공식 전기 작가인 퀜틴 벨의 전기를 비롯한 여러 연구자들의 전기들, 특히 최근에 나온 허마이오니 리의 전기를 많이 참고하였다.

교육받은 남성의 '딸'로 태어나

버지니아 울프는 영국 런던의 조용한 주택가 켄싱턴 지역의 하이드파크 게이트 22번지에서 태어난다. 그녀의 아버지 레슬리 스티븐은 당시 영국의 이름난 문인으로 『대영 전기 사전』의 편집을 총지휘한 사람이며, 어머니 줄리아 덕워스는 프

랑스 귀족의 피를 이어받고 예술적 재능을 지닌 여성들이 많은 패틀가(家)의 딸로 태어난 아름다운 여인이었다. 위엄 있고 우울한 한 쌍인 이 부부가 만들어낸 가정은 빅토리아 시대의 전형인 가부장적 가정이었다. 이들 부부는 둘 다 재혼이었다. 레슬리는 소설가 새커리의 셋째 딸 미니 새커리와 결혼해 딸 로라를 두었으나, 둘째를 낳다가 아내가 죽은 뒤 홀아비로 지내던, 매우 엄숙하고 우울한 기질의 남자였다. 줄리아는 덕워스와 더 할 나위 없이 행복한 결혼생활을 하다가 사고사로 남편을 잃은 뒤 삶의 의욕을 송두리째 잃은 채 딸 스텔라와 아들 조지, 제럴드를 데리고 레슬리의 집 근처에 살고 있었다. 레슬리는 영향력 있는 문인으로, 집필에 몰두하는 지성인이었으나, 천성적으로 우울했고, 아내에게 정신적 지지를 갈구하는 유아적인 이기심이 강한 남자이기도 했다. 울프의 어머니는 흠잡을 데 하나 없이 완벽한 '집안의 천사'였다. 남편의 정신을 북돋아 주고 (전처 소생의 딸 로라의 정신지체를 관리하고 보살피는 것을 포함해) 여러 아이들을 돌보며 집안을 완벽하게 건사했으며, 바쁜 일상 가운데서도 틈만 나면 가난한 사람들을 찾아가 병을 간호하고 음식을 챙겨주는, 말 그대로 살아 있는 천사였다.

그들 사이에 큰아들 토비와 딸 바넷사, 버지니아 그리고 막내아들 아드리안이 태어나자 전처, 전남편 소생의 아이들과 합쳐 모두 열 명이 넘는 가족이 되었다. 줄리아로서는 연이은 출산, 남편 뒷바라지 및 그 많은 아이들 건사에 정말 정신적 소모가 엄청났다. 그들 가족의 사진들을 유심히 보면 어머니 줄리아는 늘 시선을 내리깔고 웃음기 없이 차갑고 우울한 표정이다. 그럼에도 불구하고 어린 버지니아에게는 대가족이 살던 런던의 하이드 파크 게이트 집과, 해마다 여름이면 온 가족과 친지들이 모여 지내던 콘월 지방의 세인트 아이브스 해안에 얻은 별장이 유년 시절을 아름답게 수놓은 두 축이었다.

그러나 울프가 열세 살 때, 언제나 그녀 자신이 유년 시절의 행복과 아름다움의 근원으로 상정하는 어머니가 류머티스성 열병과 과로 때문에 돌아가신다. 그 충격으로 버지니아는 정신질환을 크게 앓았다. 그녀는 빠른 맥박, 분노, 공포, 흥분 같은 산란한 감정들 그리고 신체적 고통 상태에서 2년을 보낸다. 그게 지금 우리가 말하는 '정신병'인지의 여부는 울프 학자들마다 주장하는 바가 다르지만, 조증과 울증을 동반하는 신경증이 스티븐 가계에 흐르고 있었다는 것은 여러 전기에서

밝혀진 바 있다. 어쨌든 집안의 태양과도 같았던 어머니의 사망 후 아내에게 정신적으로 크게 의존하던 레슬리는 아버지로서 자식들과 슬픔을 함께 하며 애도의 시간을 갖기는커녕, 무거운 우울의 늪에 빠져들면서 홀로 슬픔의 표현을 독차지한다. 아버지의 그 서슬에 아이들은 어머니의 죽음을 마음껏 슬퍼할 수 없었고 모든 감정을 침묵 속에서 삭여야만 했다.

아버지와의 싸움

아버지는 극단적인 우울함 속에 침잠한 채, 모든 집안 살림과 아내의 빈자리를 의붓딸인 스텔라에게 떠넘긴다. 그는 아내 대신에 스텔라를 완전히 전유했고, 스텔라가 결혼하려 하자 정신적으로 방해하고, 감정적으로 질투하면서 그 결혼을 막았다. 어렵게 결혼한 스텔라의 결혼생활은 아버지의 소망 때문이었는지 곧 끝나고 만다. 신혼여행에서 돌아온 뒤 임신으로 인한 합병증을 앓다가 잘못된 치료로 사망한 것이다. 그러자 아버지는 스텔라의 자리를 다시 버지니아의 언니 바넷사에게 요구했다. 버지니아는 그 의무가 자기 차례로 올까봐, 그래서 공부와 소설가의 길을 포기해야 할까봐 몹시 두려워했다. 당시 버지니아가 지켜본 의붓딸 스텔라와 레슬리의 관계는 이후 그녀가 (40-50대가 되어) 빅토리아 시대를 산 아버지들의 독재와 위선을 분석하는 토대가 되었고, 그녀의 페미니즘에 기본 틀을 형성해 주었다. 울프의 페미니스트 프로그램은 특히 50대에 가장 완벽하고 명확하게 표현되기 시작했다. 그녀의 유명한 페미니즘 에세이 『자기만의 방』이나 『3기니』는 결국 정치학이라고 할 수 있는데, 이 두 작품에서 그녀는 가부장제를 굳건히 하는 갖가지 사회제도를 도려내 보이고 여성의 종속을 유지하려는 남성의 여러 가지 의도를 폭로한다. 여자들에게 행해진 부당함에 대해 분노를 터뜨린 『3기니』에서는, 전문직에 진출하려는 여자들에 대한 남자들의 적대감이 '강력하고 보편적인 무의식적 동기'에서 기인한다고 말하고, 그것을 '유아적인 집착'과 '오이디푸스 콤플렉스'라고 이름 붙인다.[9]

그녀는 유명할 정도로 억압적이었던 빅토리아 시대의 두 아버지, 패트릭 브론테(샬롯 브론테의 아버지)와 배럿 씨(엘리자베스 브라우닝의 아버지)를 인용하면서, 딸을 붙들어 두려 했던 이 아버지들의 무의식적인 동기가 무엇이었는지를 파헤친다.[10] 그것은 빅토리아 시대 가부장제도의 희생자인 딸과 가부장인 아버지 간에 벌어진 너무나도 전형적인 싸움의 예였다.[11] '이상한 병에 걸린 아버지들'은 유아적 집착 때문에 딸들이 결혼이나 직업으로 인해 떠나는 것을 반대했고, 사회는 이를 지지했다.[12] 사회 자체가 아버지이고 사회 또한 병적인 유아적 집착에 빠져 있었다.[13] 여기서 울프는 딸을 두려움과 무력함과 분노, 수동적 순종에 빠뜨리는 아버지들 뒤에는, "당신들에게는 그렇게 친절하고 우리에겐 그렇게 잔혹한 사회"의 음모가 있음을 간파한다.[14] 이것은 여성 무시 현상에 대한 단순한 토로가 아니다. 여성의 정신적, 경제적 독립을 막아 남성에 종속된 처지를 지속시키려는 영국 사회의 남성 중심 파시

왼쪽부터 바넷사, 스텔라, 버지니아.

즘의 조직적 방해와 사회 전체의 공모를 지적하는 것이다.

공적인 세계에서 많은 지적인 업적으로 인해 존경받는 아버지 레슬리가 가정이라는 사적인 세계에서는 부모로서 걸맞지 않는 이기적 자기만족을 드러내놓고 범했다는 사실. 울프는 그 이중적인 모습에 분노하면서, 가부장제에 저항할 자신의 정치학을 발견한다. 아버지에 대한 다른 사람들의 의견과 자신의 기억 사이에 존재하는 터무니없는 간격에 놀란 울프는 '위대한 남자들'이라는 개념에 의문을 던진다. 그리고 공식적인 삶과 비밀스런 삶 사이의 관계, 공적 영역과 사적 영역을 철저히 구분하는 이분법 뒤의 정치적 함의를 깨닫는다. 여성의 역사에서 그 이분법은 가장 중요한 부분이다. 왜냐하면 그 이분법적 개념이 여러 양상으로 진행되는 가부장적인 억압을 정당화시키는 토대로 작용하기 때문이다.[15] 그것은 여성에게 가정 공간의 우선권을 부여함으로써 여성을 억압했고, 여성들로 하여금 상업, 여행, 일, 교육 같은 세상의 일상적 활동에 참여하지 못하게 만들었다.

울프는 후에 자신의 작품들을 통해 남성과 여성의 '분리된 영역'이란 개념을 마구 헝클어 놓는다. 『자기만의 방』에서는 여성이 남자들의 영역이라는 대학의 잔디밭과 도서관에 들어서게 만들고, 『댈러웨이 부인』에서는 여주인공이 런던을 가로지르며 마음껏 돌아다니게 만든다. 또 『3기니』에서는 여성이 영국이라는 조국의 일원이 아니라 아웃사이더로 살고 있음을 강조하고, 그 점을 문제시한다.

아들과 딸 다르게 키우기

가정에서 아버지가 저지르는 독재에도 불구하고, 아버지에 대한 버지니아의 감정은 양가적이었다. 아버지의 차가운 이성을 사랑했던 그녀는 그토록 미운 아버지를 언니 바넷사처럼 단칼에 잘라낼 수 없었다. 그녀는 아버지의 지적인 성실함과 함께 자연 속에서 등반하고 산책하기를 좋아하는 자질들을 물려받았고, 또 아버지와 같은 문필가의 재주를 간직하고 있었다. 사실 아버지는 그의 방대한 서재의 책들을 처음에는 제한적으로, 나중엔 완전히 자유롭게 사용할 권리를 허용함으로써 버지니아가 작가로 성장하도록 자극을 준다. 하지만 아낌없이 교육비를 투자하는 아들과는 달리, 그녀에게는 실질적인 도움을 거의 주지 않았고, 현모양처가 되기만을 바라는 이중적인 태도를 보였다. 버지니아는 오빠와 남동생이 케임브리지로 공부하러 떠난 뒤 (딸인 그들 자매에게는 주어지지 않는 대학에서의 교육 기회를 한탄하면서) 아무런 전문적 교육이나 훈련도 받지 못한 채 홀로 독서하고 공부해야 했다. 빠른 속도로 먹어치울 듯이 책을 읽어대며 외롭게 독학하는 가운데, 그녀는 케임브리지에서 공부했던 고전학자 재닛 케이스에게서 그리스어와 라틴어를 배운다. 울프는 오빠와의 토론에서 쓸 무기를 준 그녀에게서 깊은 지적 영향을 받는다.

이처럼 딸에 대한 경제적 투자가 아들의 경우와는 극명하게 다르다는 점에서 울프는 여성이 작가로서 커갈 수 있는 가능성이 애초에 차단된다는 사실을 읽어낸다. 여성 개인의 능력을 말하기에 앞서 경제적, 물적 조건이 여성들로 하여금 그 어떤 창조적 활동에도 몰입하지 못하게 만드는 것이다. 울프 자신이 중상류 계급의 딸이었음에도 그 계급의 아들이 누리는 권리에서 배제되었다는 얘기는, 결국 여성에게는 사회경제적 계급보다 '여자라는 계급'이 주는 억압이 더 크다는 사실을 반증한다. 울프는 이 젊은 시절의 경험을 통해 평생 자신을 '교육받은 남성'에 대비되는 '평범한 여성' '일반 독자'의 편에 자리매긴다. 이 '평범한 독자'라는 생각은 울프의 다른 핵심 선입관들과 마찬가지로 어린 시절과 청년기의 경험에 깊이 뿌리박혀 있다. 그리고 그것은 이후 『자기만의 방』에서 펼쳐지는 여성작가의 기본적인 물적 조건과, 그 물적 조건에서 비롯되는 정신적인 독립에 대한 논의의 출발점이 된다. 『자기만의 방』을 통해 그녀는 여자 대학의 가난함과 남자 대학에 쏟

아지는 그 많은 재정적 지원의 격심한 차이를 경쾌하면서도 유머러스한 목소리로 대조시킨 뒤, "여성은 왜 가난하며, 그 가난은 여성작가의 마음에 구체적으로 어떤 영향을 미치는 가?"라는 질문을 던진다. 그녀는 그 답을 성의 정치학과 경제 의 정치학이란 차원에서 찾아낸다.

어머니의 자리를 대신했던 스텔라의 죽음은 버지니아와 바 넷사에게 재난이었다. 1904년 아버지가 죽기까지 10여 년간 아버지의 모든 감정적인 동요를 다 받아주고, 병에 걸린 아버 지의 간호를 맡아야 했던 자매들의 생활은 집안의 모든 남자 들의 삶과 현저하게 달랐다. 이제 자매는 작가와 화가가 되겠 다는 자신들의 꿈을 살리기 위해 평생 이어지는 '은밀한 공모' 를 서서히 발전시켜 나가야 했다.[16] 여자의 의무로 불쑥 들이 밀어진 삶과 자신들이 원하는 삶 사이에서 아버지라는 장애물 과 싸워야 하는 자매들과는 달리, 오빠와 남동생은 대학 공부 를 위해 케임브리지로 떠났고, 의붓오빠들은 일하러 나갔다. 더구나 의붓오빠들은 그 허술한 가족 상황을 비집고, 사교계 에 두 자매를 적응시킨다는 미명 하에 버지니아를 성적으로 괴롭힌다. 무방비 상태의 그녀는 스스로를 '어항 속에서 고래 와 함께 지내는 피라미 신세'라고 묘사하기도 한다. 그 상황에 서 그녀가 숨 쉴 곳은 언니 바넷사뿐이었다. 둘은 많은 남자들 의 세계에서 그들만의 견해와 그들만의 욕망을 지켜줄 '사적 인 토대' '서 있을 자리'를 세우기 위해 서로를 자극했다.[17] 이 같은 언니와의 정서적 밀착, 의존, 의지는 평생토록 유지된다. 두 자매는 서로의 작품에 영향을 미쳤고, 버지니아의 소설 표지 작업을 언니가 맡는 등 공동으로 예술 작업을 했으며, 벗과 생활 방식을 공유했고, 평생을 친한 친구로, 신뢰할 수 있는 사람으로, 이웃으로 보냈다.

사적인 것은 정치적인 것이다

울프가 가정과 사회 속의 위계질서와 서열을 인식하게 된 더욱 직접적인 배경은 의붓오빠 제럴드와 조지의 성추행이다. 이 부분에 대해서 울프는 언니 바넷사와의 편지나 친지에 보내는 편지들을 통해 매우 간접적으로 표현하고 있을 뿐, 명백한 증거를 찾을 수는 없다. 단지 죽기 전 2년 동안 썼던 자서전 『과거의 스케치 Sketch of the Past』를 통해 유년기인 여섯 살 때쯤부터 제럴드 덕워스가 울프의 몸을 자세히 들여다보고 더듬는 성추행을 계속했다는 사실을 어렴풋이 '말하기' 시작했을 뿐이다. 하지만 그것도 불분명하기는 마찬가지여서 우리로서는 연구자들의 이러저러한 관점을 통해 미루어 짐작할 수 있을 뿐이다.

그러나 그 자세한 진상이 무엇이었든 간에 확실한 사실 하나는, 어머니 아버지가 집에 다 있어도 그런 일이 생겨났다는 점이다. 울프를 성추행의 희생자로 보는 관점에서 연구한 학자 드살보에 의하면 그것은 스티븐가에 일어난 특이한 문제적 행동이었다기보다는 아버지와 아들, 남자들에게 우선권이 가는 가부장적 가족문화가 낳은 자연스런 귀결일 뿐이다.[18] 버지니아가 겪은 일은 그녀 개인에게 일어난 어떤 불행한 사고가 아니라 가부장적인 사회에 사는 여성 누구에게나 일어날 수 있는 일이라는 이야기이다. 어머니가 돌아가시고 아버지가 우울함의 늪에 홀로 잠겨 있을 때 의붓오빠들의 추행은 더욱 도를 더해 간다. 10대 소녀에

10대 소녀 시절의 울프.

불과했던 울프는 그 누구에게도 도움을 청할 수 없었다. 청한다 한들, 그녀의 말을 믿어줄 사람은 아무도 없었다.19) 가부장적 가정에서 남성 가해자는 보호받고 여성 피해자는 도리어 비난받을 뿐이었으므로.

또 하나 명백한 사실은 이 성추행으로 인해 울프가 자기 몸에 대한 수치감과 혐오감을 갖게 되었고, 억압적인 남녀관계를 몸으로 체험하면서 성에 대해 거부감을 갖게 된 점이다. 결혼 후 남편 레오나드와의 관계에서도 울프는 위축되었고, 결국 두 사람은 얼마 안 되어 각기 다른 침실을 쓰면서 성관계 없는 결혼생활을 만들어 갔다. 실제로 울프는 사춘기 때부터 자신보다 나이 많은 여성들에게 끌리곤 했으며, 그들이 가진 모성적 따스함과 보살핌을 갈구했다(울프는 40대에 알게 된

귀족 가문의 작가, 비타 색크빌 웨스트와의 동성애적 연애에 깊이 빠졌었고, 50대에 들어서는 72세의 여성 음악가인 에셸 스미스와의 관계에 몰두하면서 그녀와의 우정, 애정으로부터 큰 힘을 얻었다).

사실 버지니아의 어머니가 살아 계셨을 때에도 어머니에게는 돌보아야 할 가족이 너무 많아 아이들은 각자 어머니와 단독으로 보내는 시간이 거의 없었다. 줄리아는 자신의 시간과 에너지를 쪼개어 많은 사람들에게 조금씩의 시간과 시선을 얇게 나누어 줄 수 있었을 뿐 실질적으로 딸들에게 일어나는 성희롱을 막아 보호해 줄 수 있는 능력도 여력도 없었다고 할 수 있다. 따라서 루이스 드살보는 버지니아 울프가 아름다운 어머니와 지성적인 아버지가 이끄는 유복한 가정에서 사랑과 관심을 듬뿍 받으며 어린 시절을 보냈다고 말하는 것은 사실을 왜곡하는 이상화일 수 있다고 본다.

남자 형제들로 하여금 누이들에게 그런 행동을 할 수 있다고 생각하게 만든 것은 바로 딸 키우기의 방식에서 비롯된다. 이 극명한 양육방식의 차이로부터 울프는 교육받은 남성문화와 교육받지 못한 평범한 여자의 삶이 다르고, '누이의 위치는 오빠와는 다르다는 사실'을 인식한다.[20] 아들은 공적인 세계에 편입되기 위해 대학으로 보내지고, 딸들은 사적 세계인 집안의 천사가 되도록 키워짐으로써 가정에서부터 권력은 성차별화된다. 그것이 결혼관계(아내로, 엄마로 만들어지기) 속에 그대로 반영되고 결국 사회구조 속에서 남녀의 서열구조로 만들어진다. 아버지의 지배욕과 요구에 희생당하는 어머니와 미혼의 딸들, 아들을 학교와 대학에 보내면서도 딸은 집에 가두어 '교육받지 못하게 하는' 편협한 경제체계, 가정 주치의들의 규율을 강요하는 태도들, 딸을 성에 대해 무지한 존재로 만드는 위선과 검열, 이런 것들이 평생에 걸친 울프의 정치적 의제들이었다.[21] 울프가 생각이나 경험의 흐름을 집중 조명하고 '떨어지는 순간의 원자'들에 치중한다는 사실을 들어, 그녀를 내면만을 바라보는 소설가라고 규정짓고 싶어 하는 비평가들도 있겠지만, 울프는 자기 인물들을 살아 있는 순간들인 역사적 맥락과 공적인 공간 속에 배치시키는 작가이다. 그녀가 20세기 중반에 등장한 여성운동가들의 슬로건, '사적인 것이 정치적인 것이다'라는 모토를 만들어낸 선구자였다는 데 이의를 제기할 사람은 아무도 없을 것이다.

자신이 소녀로서, 젊은 처녀로서 체험한 가부장적 문화에 대한 울프의 정치적인 독해는 이후 그녀의 전 작품에서 그 모습을 드러낸다. 그 주제는 울프 자신의 모습이기도 한 어느 중산층 소녀 레이첼의 억눌린 성장을 그린 첫 소설 『출항』에서부터 나타난다. 또한 『밤과 낮』에서는 여성의 구속된 삶, 남녀 모두를 가정에서 자유롭지 못하게 만드는 낭만적 소설의 위험한 거짓말들, 이성을 선택하는 문제에서 다음 세대의 남녀를 짓누르는 빅토리아적 전통 등을 집중 조명한다. 처음으로 의식의 흐름 기법을 시도해 본 작품 『제이콥의 방』에서도 제1차 세계대전에서 목숨을 잃은 젊은이들의 삶이 얼마나 잔인하게 탕진되었는가에 주목한다. 그 주제는 전쟁에서 살아남은 악랄한 사회구조를 다룬 『댈러웨이 부인』, 가족적 삶의 폭력이 그려지는 『등대로』, 제국의 역사에 대한 풍자인 『올란도』, 역사 속의 아웃사이더인 여성들의 침묵에 초점을 맞춘 『자기만의 방』으로 연결된다. 최종적으로 그녀의 이 모든 문제의식들은 소설 『세월』과 에세이 『3기니』에서 가장 전복적이며, 거칠고, 성난 어조로 표출된다.

울프의 청년기를 통해 알 수 있는 것은, 그녀의 평생 주제가 이처럼 어린 시절에 이미 배태되었으며, 그 생각들의 중심에는 여성으로서 이 사회에 소속되지 못했다는 소외의 개념이 있었다는 사실이다. 울프는 무력한 딸로 지낼 수밖에 없었던 자신의 10대와 20대 시절의 경험에 기초해 문화를 정치적으로 분석할 수 있었다. 그녀는 이 사회가 남성의 공적 세계와 여성의 사적 세계를 분리시키는 이데올로기를 공고히 함으로써 남자(아들)는 권력, 여자(딸)는 무권력이라는 공식을 정당화시킨다고 본다. 공과 사를 극명히 구분 짓는 것이 바로 억압의 기초 공사임을 알기에, 그녀는 그 분리의 메커니즘을 타파하고자 자신의 모든 작품 속에서 연결의 미학을 제시한다. 이 시절의 경험으로부터 울프는 가부장적 가정 속에서 치러지는 강자와 약자(아버지와 딸들의)의 싸움이 결국 제1차세계대전 이후 1930년대 유럽을 휩쓴 약육강식의 파시즘과 제국주의로 이어지는 고리임을 깨닫는다. 그리고 그 깨달음은 가부장제가 바뀌지 않는 한, 달라질 것은 아무것도 없음을 역설한 반전론의 문명비평 에세이 『3기니』의 토대가 된다.

병과의 싸움

애증의 관계였던 아버지가 긴 투병 끝에 돌아가신 뒤 울프는 아버지를 너무 미워하고 죽기를 바랐다는 죄책감 때문에 다시 한번 심한 신경증을 앓는다. 상태가 심해 새들이 그리스어로 노래하는 소리가 환청처럼 들리고, 이상한 환영을 보고, 두통에 시달리던 그녀는 창문에서 뛰어내려 자살을 시도하기까지 한다. 울프는 소설 속에 자신이 겪었던 증세를 되살려 놓곤 했는데, 『출항』의 여주인공 레이첼이 고열로 시달리면서 보는 환각이나, 『댈러웨이 부인』에서 셉티머스가 창문에서 뛰어내려 죽는 모습은 상당 부분 거의 그대로 울프가 경험한 것들이다. 울프는 또한 정신치료를 받는 과정에서 겪었던 의사들의 횡포와 무지, 단순하고 경직된 사고, 자기들의 원칙만 옳다고 주장하는 오만 등에서도 성치의식을 키운다. 결국 울프에게 있어 병은 단순한 육체적 질병으로 끝나지 않고 세상을 바라보는 새로운 눈을 뜨게 해준 계기이자 원동력이기도 했다. 자신이 앓은 정신증에 대해 울프는 철저하게 냉정하고 객관적인 태도를 취했으며, 그 경험을 분석하고 객관화시켜 소설 속에서 그려냈다.

아버지의 죽음은 그녀에게 호된 고통을 안겨주었지만, 작가로 서려는 울프에게는 기회이기도 했다. 1928년 11월 28일 일기에서 그녀는 아버지가 다른 사람들처럼 아흔여섯 살까지 살았다면 그의 삶이 자신의 삶을 완전히 종식시켰을 것이며, 글도 못쓰고, 책 같은 것은 생각할 수도 없었을 것이라고 썼다.[22] 실제로 울프는 아버지가 돌아가신 1904년 스물두 살에 처음으로 타임즈 문학 부록에 익명의 서평을 실으면서 저널리스트로 데뷔했고, 그렇게 작가의 길로 들어섰다. 그리고 이때부터 시작되는 십여 년의 습작기 동안 서평, 비평 에세이 등을 쓰면서 자신의 문학노선을 정비한다. 1908년에 쓰기 시작한 첫 장편 『출항』은 아직 실험적 기법의 기미를 보이지 않았지만, 1917년부터 「벽 위의 표시 Mark on the wall」 같은 단편을 출판하면서부터 서서히 그녀의 새로운 문학기법이 모습을 드러내기 시작한다.

한편으로 생각해 보면, 만약 그녀의 어머니가 오래 살았더라면 버지니아의 꿈은 아마도 좌절되었을 것이다. 울프의 어머니는 돌아가신 뒤에도 작가로 서려는 울프에게, 올바른 여성의 길은 '집안의 천사'라는 주문을 걸며 커다란 짐을 지운다. 그 혼령에서 벗어난 것이 소설 『등대로』를 쓴 마흔다섯의 나이였으니, 그것이 얼마나 질긴 멍에였는지 짐작이 갈 것이다. 여성작가 버지니아 울프는 척박한 가부장적 토양에서 작가로서의 연약한 싹을 틔워내기 위해, 아들이라면 겪을 필요가 전혀 없었을 아버지와의 전쟁, 어머니와의 전쟁을 치러야만 했던 것이다.

여성 모더니스트로 탄생 : 그 오랜 모색기

새로운 삶

　울프를 작가의 길로 인도한 첫 서광은 블룸즈베리로의 이사였다. 아버지의 사망 다음해인 1905년, 고아가 된 스티븐가의 네 형제자매는 켄싱턴 지역에서 벗어나 당시로서는 허름한 주택가였던 블룸즈베리의 고든 스퀘어에 집을 얻어 나간다. 친척 어른들은 그곳이 집안의 격에 맞지 않는다며 반대했지만 언니 바넷사의 결단으로 네 젊은이의 새로운 삶이 시작된다. 거기서 언니는 직접 그린 그림들과 장식으로 집안을 화사하게 꾸며놓고, 매주 목요일 토비 오빠를 비롯한 케임브리지의 젊은 지식청년들의 모임을 만들어 안주인의 역할을 멋지게 해

나간다. 이전에 부모의 집에서 보내던 삶과는 완전히 다른, 흥미진진하고 지적으로 자극을 주는 삶이 시작되는 것 같았다.

버지니아와 언니가 주관한 정기 토론 모임에서 시작된 '블룸즈베리 그룹'은 흔히 생각하듯 어떤 조직도 아니고 이념을 추구하는 단체도 아니다. 가족적인 유대와 정서로 모인 그들은 G. 무어의 철학을 신조로 받들며, 진리와 아름다움, 사랑의 의미 같은 주제로 미학적인 토론을 해 나갔다. 이들은 부모들 세대의 모든 빅토리아적 관습과 인습을 타파하려 했다. 빅토리아 가치관에 대한 이들의 저항은 여러 가지 형식으로 나타났다. 작가 리튼 스트래치는 『빅토리아 시대의 위대한 인물들 *Eminent Victorians*』에서 19세기 당시의 전기 관행을 깨고, 공적인 저명인사들의 뒷모습을 솔직하게 폭로한다. 미술 평론가 로저 프라이는 프랑스의 후기 인상파주의를 소개했고, 소설가 E.M. 포스터는 『전망 좋은 방』『하워즈 엔드』등 개인관계를 주제로 한 소설들을 발표했으며, 화가인 언니 바넷사와 던컨 그랜트는 그들이 함께 사는 시골 찰스턴의 집을 발랄한 인테리어와 그림들로 장식하여 반권위적이고 가정적인 양식을 창조해냈다.

블룸즈베리 그룹의 가장 훌륭한 특징이라면, 바로 그 자유주의를 들 수 있을 것이다. 무엇보다 표현의 자유를 누리고자 했던 그들은 어떤 주제에 대해서도 말을 삼가는 법이 없었다. 그들은 서로의 작품을 비평하면서 영향을 주고받았고, 당대의 다른 작가들의 작품을 놓고 토론했으며, 당시의 제국주의에 저항하고 평화주의를 주장했다. 또한 성에 대한 모든 억압에서 자유롭고자 했던 그들 사이에선 동성애도 문제가 되지 않았다. 하지만 그 그룹에 집중적으로 퍼부어지던 비평도 있었는데, 그들의 속물성, 특권 상류층의 자기만족적 모습 등이 그것이었다.

이들 교육받은 남자들과의 토론에 참여한 예외적인 여성으로서의 버지니아는 그 모임을 통해 많은 자극을 받으면서도, 자신과 그들의 세계는 섞일 수 없는 물과 기름임을 인식한다. 그들에게는 체계적인 교육을 받은 데서 나온 자신감이 있었고, 선배와 동창 문인, 편집장들과의 인맥이 주는 확고한 발판과 안정된 수입 보장에서 비롯된 자족과 허영이 가득했다. 이런 젊은 남자들 옆에서 울프는 어떤 전문적인 교육도 훈련도 받지 못한 채 오로지 홀로 습작하는 외로운 길을 걸어야 했다. 십 년 이상의 기간 동안 울프는 평론, 서평, 여행기 등 여러 형식의 글을 쓰며 글쓰기의 기본을 배워갔고 전기와 자서전, 단편소설 등을 습작한다.

그녀는 자기도 '감히' 작가가 되기로 결심한 이래, 교육받은 고전적인 남성문화의 산물과 교육받지 못한 '평범한' 여자들의 삶이나 '익명의' 목소리를 대비시키고, 언제나 후자에 자기를 동일시한다. 그것은 무명의 삶과 회고록, 편지, 일기와 같은, 주변적이고 진가를 인정받지 못해 온 문학형식에의 열정으로 이어진다. 이것은 아마도 자신의 경험에서 우러난 여성으로서의 자의식이 젊은 남자들은 입수할 수 없는 언어와 감정의 폭을 그녀에게 주었기 때문일 것이다.[23] 이처럼 버지니아 울프는 케임브리지 졸업생들의 영향 하에서 자기 글을 구성하기는커녕, 그들에 대항해서 글을 구성하기 시작한다.

그녀의 논평들은 수년간의 열정적인 읽기와 비밀스런 습작을 거치면서 서서히 자신감과 예리한 직관력을 갖추기 시작한다. 처음에는 개성을 드러내지 않고 지나치게 형식적인 톤으로 쓰는 듯했고, 또 걸핏하면 편집자의 마음에 들지 않아 되돌아오거나 삭제되는 어려움을 겪지만, 그녀의 저널리즘은 곧 비범할 정도로 빠르게 후기 에세이들에 나타나는 강하고 자신만만한 어조를 띠기 시작한다. 그녀는 첫 소설이 될 『출항』에 착수했다. 발표되기까지 9년이나 걸린 작품이지만. 조지 엘리엇이 첫 소설을 썼을 때 거의 마흔 살이 다 되었던 것을 상기하면서 그녀는 스스로를 안심시켰다.

특이한 울프 부부

그러나 나이 삼십이 다 되어 가는 지점에서의 객관적인 그녀의 모습은 매우 초라했다. 그녀의 문학노선은 아직도 모색 중이었고, 오빠 토비가 그리스 여행에서 걸린 장티푸스로 죽고, 언니가 서둘러 클라이브 벨과 결혼해버리자 혼자 남은 듯한 외로움은 더 커졌다. 언니의 유복한 결혼생활과, 태어나는 아이들로 인해 더욱 따스하고 충만해지는 가족의 모습에 질투를 느꼈던 이 시기는, 그녀 스스로 "스물아홉 살이 되고 결혼하지 않았다니, 실패야. 아이도 없고, 미치기도 했고, 작가도 아니잖아"라고 말했던 때이다.[24] 이 외로운 시기에 그녀가 '결혼과 모성'에 경쟁할 역할로 선택한 것은 '여성작가'였다. 그래서 울프는 글쓰기를 아이를 잉태하는 것으로 여기고 창작에 몰두했다.

그러다가 오빠 토비의 케임브리지 친구들 중 하나인 레오나드 울프가 버지니아에게 청혼한다. 그녀는 인도 식민지에서 근무하다가 휴가를 얻어 온 그에게서 지성미를 느꼈지만 성적인 매력은 느끼지 못했다. 레오나드 편에서는 그녀의 아름다움에도 반했지만, 그녀의 지성에 반한 바가 더 컸고, 그녀의 덤덤한 반응에도 개의치 않고 기다리겠다고 말했다. 버지니아는 답변을 주기에 앞서 그에게 보낸 편지에서, 결혼한다면 어느 정도 자신을 혼자 내버려두기를 원한다고 말했고 자신에겐 고독하고 사적인 공간이 많이 필요하다는 점도 분명히 밝혔다. 레오나드는 그 모든 요구를 받아들였다. 그녀는 결국 인도의 직장도 포기한 채 그녀의 답변을 기다리는 레오나드를 받아들인다.

레오나드가 공식 인정한 울프의 전기 작가, 퀜틴 벨(언니 바넷사의 아들)은 이모가 레너드의 청혼을 받아들인 것이 그녀 인생에서 내린 가장 현명한 결정이었다고 말했다. 실제로 울프는 그의 헌신적인 보살핌을 받으면서부터 창작의 공간과 시간을 확보하게 된다. 그가 전적으로 아내의 간호를 맡은 후 25년간, 이전과 같은 극심한 신경증의 발작은 나타나지 않았고,

울프는 일생에서 가장 안정된 환경과 건강 속에서 집필에 몰두할 수 있었다. 그들의 결혼은 남자가 여자와의 결합을 위해 직업적 기반을 포기한 흔치 않은 경우였다. 남편이 아내의 병간호를 맡아 아내는 집필에만 전념할 수 있도록 생활을 조직화해 준 점, 아내가 '아내 노릇'을 하지 않고 남편도 아내에게 그것을 요구하지 않는 관계라는 점에서 당시로서는 매우 보기 드문 반인습적이고 '현대적'인 결혼 형태였다.

울프의 일기를 보면 레오나드와의 매우 평등하고도 지적인 결혼관계가 거듭 행복한 것으로 묘사된다. 그러나 그녀의 소설 속에 되풀이되어 그려지는 여주인공들의 불행한 결혼생활은 무엇을 의미하는가. 그녀의 후기 소설들에는 결혼한 커플들이 서로에게 남겨주는 공간(혹은 그 공간의 부족함)이 중요한 주제로 제시된다. 레오나드와의 결혼이 인습을 뛰어 넘는 것이었다는 데는 이의가 없음에도, 아내의 생활을 지배하려는 욕구(비록 그 덕분에 작가로서 바람직한 환경과 조건을 누릴 수 있기는 했지만), 그녀의 정신질환을 근거로 두 사람 사이에 아이를 낳지 않기로 일방적으로 결정을 내린 점 등에서 울프는 상당한 압박감을 느꼈던 모양이다. 실제로 울프는 결혼 이후 집필이 잘 되지 않거나 개인적인 삶에서 약간의 우울 증세 혹은 의기소침해지는 사이클에 들어설 때면 거의 언제나 자녀가 없음을 한탄했고, 그런 결정을 내린 남편에 대한 섭섭함을 내비쳤다. 그 어느 논쟁적 주제에 대해서도 결코 자기 의견을 삼가는 법이 없는 그녀가 유독 남편과의 결혼에 대해서는 행복한 묘사로 일관했다는 것 자체가 무언가 많은 것을 시사한다고 하겠다.

1912년, 울프는 결혼하자마자 세 번째 정신질환을 앓는다. 첫 소설 『출항』의 고통스럽고도 긴 집필 과정, 비평에 대한 염려 때문에 신경증이 재발했고, 이로 인해 삼 년이나 고생한다. 환자인 아내의 생활을 통제하려는 그의 욕구와 보호받아야 할 필요성이 맞아떨어져, 이때부터 그들의 결혼은 아주 빠르게 하나의 체제로 성립된다. 전쟁이 시작되고부터 그들 부부는 런던을 벗어나 시골집에서 생활하였는데, 1919년부터는 로드멜의 몽크하우스를 구입하여 조용한 생활을 보낸다. 그리고 이 집의 별채는 평생토록 버지니아의 서재가 된다. 그녀는 그 시골집에서 자신에게만 침잠하면서 글 쓰고, 산책하러 가고, 차 마시러 돌아오고, 그리곤 벽난로의 불 너머에서 책 읽는 일상을 좋아했다. 오전에 집필하고 오후에 산책하거나 사교생활을 누리는 이 패턴은 처녀 적 홀로 독학할 때부터 자리 잡은 것으로 죽을 때까지 계속된다.

1917년에는 레오나드가 아내의 신경쇠약에 기분전환을 제공하는 차원에서 인쇄기를 사서 호가스 출판사를 기획한다. 그녀의 단편, 「벽 위의 표시」도 여기서 찍었다. 취미 삼아 시작했지만, 그녀는 자기 출판사를 가짐으로써 편집자나 그 누구의 눈치나 간섭 없이 자기가 좋아하는 것을 쓸 수 있는 작가로서의 독립성을 갖게 된다. 이 출판사가 내린 수많은 혁명적인 출판 결정들을 통해 캐더린 맨스필드, T.S. 엘리엇의 시출간 등이 이루어졌고, 현재는 저명한 영국의 출판사로 성장했다. 울프는 『월요일 혹은 화요일 *Monday or Tuesday*』로 묶여 나올 단편들을 써냄으로써 서서히 실험작가의 모습을 드러냈다. 이제 그녀는 자신의 모더니즘 선언서라 할 문학비평 에세이 「현대 소설」(1919)을 통해 앞으로 평생 지속, 발전시키게 될 비평원칙을 공표하기 시작한다. 여기서 제시한 새로운 버전의 리얼리티와 기법들은 『제이콥의 방』(1922)에서 실험된다. 이어 1924년에는 「베네트 씨와 브라운 부인」에서 당대의 리얼리즘 작가, 아놀드 베네트를 대변하는 '베네트 씨'의 가치관에 대비해 가상의 '브라운 부인'으로 대표되는 여성적 가치관을 전면으로 내세운다. 그것은 '모더니즘 기법을 구사하여 여성적 가치관을 드러내겠다'는 그녀의 문학노선에 대한 공개적인 선언이었다.

새로운 문학기법의 선언

진정한 리얼리티는 '안'에 있다

흔히 일반 독자들은 울프의 소설에만 관심을 두지만, 사실 울프는 처음부터 소설을 쓴 게 아니라 서평과 논평쓰기로 작가 활동을 시작했고, 소설작품 외에도 6권의 전집으로 구성될 정도로 많은 양의 비평 에세이를 써낸 작가이다. 따라서 울프의 문학을 이야기할 때는 소설 창작과 맞물려 씌어진 에세이들에 주목할 필요가 있다.

울프는 「현대 소설」에서 세상을 이해하고 바라보는 새로운 방식, 리얼리티에 대한 새로운 버전을 제시한다. 스스로를 '모던'으로 정의한 울프는 19세기 빅토리아 시대의 양식인 사실주의를 거부하고 삶이 경험되는 순간의 모습 그대로를 재현하는 기법에 치중하는 다른 형태(form)의 소설에 대한 비전을 제시한다.

속을 들여다보면 인생은 '이렇다'라는 것과는 매우 거리가 멀어 보인다. 한 평범한 날의 한 평범한 마음속을 한순간 조사해 보라. 그 마음은 무수히 많은 인상들을 받아들인다 ─ 하찮은 것, 놀라운 것, 덧없는 것, 또는 강철의 날카로움으로 새긴 것. 모든 방향에서 인상들은 수없는 원자의 끊임없는 소나기로 내린다. 그것들이 내려올 때 그리고 스스로를 월요일 또는 화요일의 삶으로 구성할 때, 예전과는 다른 곳에 강조점이 떨어진다. 중요한 순간은 여기서가 아니라 저기서 오는 것이다. 그래서 만약 작가가 노예가 아닌 자유인이라면, 만약 그가 반드시 써야 할 것이 아니라 그가 쓰고자 선택한 것을 쓸 수 있다면, 만약 그가 전통이 아니라 자신의 감정에 작품을 기초할 수 있다면, 줄거리도, 희극도, 비극도, 사랑의 관심이나 재앙도 없을 것이며 본드 가의 양복장이들이 달듯이 가지런히 달려 있는 단추는 하나도 없을 것이다. 인생은 균형 있게 열을 맞추어 늘어선 일련의 마차 등이 아니다. 인생은 희미한 광채요, 우리 의식의 처음부터

끝까지를 감싸고 있는 반투명의 봉투이다.[25]

습작기에 있던 울프는 당시 큰 명성을 누리던 선배 작가들(베네트, 골스워디, 웰스)의 사실주의 형식을 거부한다. 인간의 삶은 선배들이 열심히 그려내는 외면적, 공적인 물질의 세계로만 구성된 것이 아니다. 정말 중요한 것은 사람의 마음속에 있다. 작가의 시각이 이렇게 안을 향하니, 소설에서 중시되던 인물구성, 플롯 등은 의미가 없어지고, 외부세계의 각종 인상의 흐름들이 의식에 떨어져 각인되는 과정, 즉 의식의 흐름을 따라 기록하는 것이 중요하다.

이제 현대 소설가는 러시아의 체호프나 도스토예프스키가 그러했듯이 '저기' 인간 심리의 어두운 장소에 관심을 두고 이제까지 무시되던 그 무엇을 강조해야 하므로, 선배들에게는 이해 불가능한, 이제까지와는 다른 외형이 필요하다. 이제 현대 소설가의 주요 과제는 수많은 표면적 인상들과 함께 그 인상들을 의식하는 인간의 이면, 심연의 세계를 함께 포착하는 것이다.

여성의 내면에서 바라본 삶

에세이 「베네트 씨와 브라운 부인」은 선배 작가 베네트 씨가 울프의 『제이콥의 방』을 읽고서 인물묘사가 실감나지 않는다고 논평한 데 대한 답변 차원에서 쓰인 것이다. 여기서 울프는 드디어 '베네트 씨'로 상징되는 남성 중심의 유물론적 세계관에 대비하여 '브라운 여사'로 상징되는 인물(특히 여성 인물)의 알려지지 않은 내면세계, 여성만의 독특한 의식세계를 소설의 중심에 놓겠다는 자신의 소설 원칙을 세운다.

도대체 '인물'이 의미하는 바가 무엇인가를 설명하기 위해 울프는 하나의 허구적 일화를 만들어낸다. 리치먼드에서 워털 루까지 가는 열차의 구석진 곳에 앉아 무슨 연유에선지 스미 스라는 남자에게 윽박지름을 당하는 브라운 부인이 있다. 그 러나 같은 기차 칸에 탄 베네트 씨 등의 소설가들은 작고 남 루한 의복의 이 부인에 대해서는 조금도 설명하지 않고 창문 밖으로 보이는 공장, 마차, 거리만 열심히 묘사한다. 그들은 "결코 그녀를, 결코 인생을, 결코 인간성을 보지 않았다."[26] "정신이 아니라 육체에 관심을 두었기에" 그들은 인물 그 자 체보다는 인물들이 사는 집에 대해서만 설명한다.[27] 결코 브 라운 부인의 정신, 즉 인생 그 자체를 보려 하지 않는 것이다. 지금까지의 문학은 '브라운 부인'의 내밀한 정신세계에 주목 하지 않았다. 울프는 자그마한 체구에 단정한 옷차림새를 한 이 평범하고, 초라하고, 늙고, 보잘 것 없는 여성 인물도, 그 여성의 성품에서 풍기는 인상을 '비극적이면서도 영웅적으로' 느껴지는 방식으로 충실히 그릴 수 있다고 말한다.[28] 이런 식 의 방법에는 인간을 이해하는 새로운 방식이 전제된다.

20세기에 들어와 인간의 경험과 관계는 변화했다. 물론 프 로이트와 융, 마르크스, 새로운 기술혁명, 제1차세계대전 발발 등의 영향이 컸을 것이다. 그녀는 그런 변화가 일어난 시점으로 임의의 하루를 선택한다. 즉, 1910년 12월 10일 전후를 기점으로 인간의 본성이 변했다는 것이다. (1910년은 런던에서 후기 인상파 전시회가 열린 해이다.) 울프는 모든 인간관계 — 주인과 하인 사이, 남편과 아내 사이, 부모와 자식 사이의 관계 — 가 변하였고, 그 때문에 종교와 행동규범과 정치는 물론이고, 소설 자체가 변하지 않을 수 없었다고 주장한다.[29] 그리고 그 변화를 표현하기 위해서는 새로운 표현형식이 필요해졌다. 이제 어떤 객관적인 하나의 진리나 관계, 규범이 있는 양 일방적으로 묘사할 수 없고, 각 인물이 도대체 어떤 사람인지를 그 인물의 마음속으로 들어가 그의 눈을 통해 보는 듯이 세상을 보여주어야 한다는 것이다.

「베네트 씨와 브라운 부인」은 상대적으로 드러날 기회가 없었던 여성의 내면, 그 세계의 가치를 강조하는 페미니즘적 주장이 드러난 첫 출발점이었다. 결국 그녀는 참신한 실험적 문학기법을 구사하면서도, 소설 속의 여성 인물을 바라보는 시선은 이전 세대 작가들과 별반 다를 바가 없었던 동시대 남성 모더니스트들과는 다른 길을 가기로 선언한 것이다.

다른 모더니스트 작가들

이처럼 울프가 서서히 모더니스트로서의 정체성을 확립해 가는 데에는 같은 시기에 활동한 작가들의 영향도 있었다. 그녀는 제임스 조이스나 캐더린 맨스필드, 도로시 리차드슨, T.S. 엘리엇 같은 작가들에게서 자극도 받았고, 강한 경쟁심을 느끼기도 했다. 그러나 그 중에서도 캐더린 맨스필드와의 우정은 이 시절의 그녀에게 가장 도전적인 관계였고, 1920년대 초 자신의 방식을 발전시키는 데 깊은 영향을 미쳤다. 캐더린 맨스필드는 울프보다 여섯 살 어리고, 외모나 기질, 경험 면에서 완전히 다른 사람이었다. 그러나 작품에 철저히 몰두하는 점이나 아이 없는 결혼생활, 가족의 죽음으로 인한 고통, 폐결핵이라는 병에 시달리며 싸워야 했던 점 등에서는 매우 비슷한 점이 있었다.

울프는 조이스의 장편 『율리시즈』를 읽고, 인생의 "가장 깊숙한 내면 속 불길의 깜빡거림을 드러내는 데 집중"하는 새로운 시도에는 동감하면서도, 그의 에고티즘(egotism)과 외설적 충격으로 과시하려는 욕망에는 비판의 시각을 세운 바 있다.[30] 하지만 맨스필드가 단편 「서곡」에서 가족의 역사를 강렬하고 유아적인 경험의 순간들로 파편화시키면서 아이의 시각으로 세부적인 사항들을 포착한 점에서는 큰 자극을 받는다. 그렇게 단편적이고도 개인적인 인상들을 하나둘씩 기록하는 캐더린 맨스필드에게서 버지니아 울프는 '끔찍하게 민감한 마음'을 발견한다.[31] 그리고 캐더린이 평범한 현실과 내면의 환상, 여성적 시각과 남성적 시각을 풍자적으로 대치하는 것을 보고는 자신의 작품을 함께 논할 수 있는 사람이라고 생각하게 된다. 캐더린 역시 울프의 「현대 소설」을 칭찬했고 모던 소설에 대한 의견을 나누면서 두 사람 사이에 우정이 싹튼다. 캐더린 맨스필드는 울프가 여성 모더니스트라는 입지에서 좀더 유동적인 방법으로 의식을 탐험하는 방향을 굳히는 데 결정적인 영향을 준다.

그럼에도 두 사람 사이에는 서로 다른 배경에서 비롯된 많은 오해와 미묘한 경쟁심이 있었다. 울프는 캐더린이 1923년 서른네 살의 나이로 고통스럽게 죽은 뒤에야 처음으로, 병으로 인한 끔찍한 고통과 남편의 외도로 괴로워했던 캐더린의 입장에서는 안정된 결혼생활과 유복한 삶을 누리는 울프 자신에게 적의를 품을 수도 있었음을 감안하지 않았다는 것을 깨닫는다. 울프는 캐더린의 죽음으로 메아리가 사라졌다고 느꼈다. 하지만 이후 그녀는 경쟁과 후회로 뒤섞인 캐더린과의 관계를 늘 기억하면서 글을 썼다. 『댈러웨이 부인』을 완성한 날의 일기에서 마침내 자신이 이 소설로 캐더린을 이겼다고 생각했을 정도로, 캐더린은 죽은 뒤에도 울프에게 계속 영향을 미쳤다.

한 작가가 자신의 목소리를 찾은 나이가 마흔이었다는 건, 어찌 보면 늦었다고도 할 수 있다. 그러나 그녀가 자신을 방해한 여러 제약과 위기들에 갇혀 침묵하지 않고 다시 수면 위로 고개를 내밀며 귀환하는 모습은 경이적이다. 울프는 『자기만의 방』에서 영국의 여성 문학사를 새로 쓸 때, 역사 속의 여성 예술가들의 초상은 '죽거나 미치거나'의 둘 중 하나였음을 밝히기 위해 '셰익스피어의 누이, 주디스'라는 은유를 사용하지만, 울프 자신 역시 '주디스'의 대열에 끼일 뻔하다가 아슬아슬하게 '살아남은' 여성작가였다고도 말할 수 있다.

한순간에 삶의 모든 층위를 포착하기

댈러웨이 부인의 마음속을 탐사하는 방법

의식의 흐름

울프의 모더니즘 실험이 최초로 완벽한 성공을 거둔 작품인 『댈러웨이 부인』은 그 스토리만 보자면 별로 실험적인 소설로 보이지 않는다. 소설은 나이 오십을 넘긴 중년의 상류층 부인 클라리사 댈러웨이가 나라의 수상까지 참석하는 파티를 준비하기 위해 런던 거리로 꽃을 사러 나서는 것으로 시작해, 그날 밤 성대한 파티를 성공적으로 치러내는 것으로 끝난다. 그러나 자세히 읽으면서 스토리 전개의 아래위로, 좌우로 느껴지는 새로운 질감과 음향에 귀 기울여 보면, 왜 이 소설이 울프의 첫 성공작으로 평가되는지를 느낄 수 있을 것이다.

울프가 의식의 흐름 기법을 처음 본격적으로 사용한 이 소설에서 독자는 클라리사라는 한 인물을 그 여자의 마음속에 흐르는 생각을 통해 알게 된다. 그녀의 매순간 속에는 여러 감각들과 기억, 희망과 두려움이 섞여 있다. 그녀의 모든 경험은 순간적인 감각들로 물들여지고 그것은 또 과거와 미래에 대한 생각들에 영향을 받는다. 우리는 그녀 주변 다른 인물들의 생각, 그녀 자신의 변화하는 생각, 다른 사람들이 그녀에 대해 하는 생각들을 통해 클라리사를 알아간다.

더구나 이야기는 단지 하루 동안 일어난다. 울프는 외부적으로 중대한 인생의 전환점이나 큰 재난 같은 사건은 중요하지 않게 처리하며, 임의적으로 아무렇게나 골라잡은 어떤 하루의 단편적 시간이 인간의 전 인생을 포용한다고 본다. 그리고 그 하루가 활짝 펼쳐보일 만한 의미가 있는 것으로 취급한다. 그녀는 하루라는 현실을 보다 다층적으로 드러내기 위해 의식의 흐름 기법을 동원한다. 여러 인물의 마음속을 들락거리면서 한 개인의 단일한 주관적 관점이 아니라 더 다양한 각도와 관점에서 사람의 의식을 표현해내기 위해서이다. 뿐만 아니라 정치가 리차드 댈러웨이의 아내로 살아가는 클라리사의 현재 시간에서 벌어지는 일과 처녀 시절 피터 월쉬와의 사랑을 키워가던 과거의 추억들을 마구 뒤섞이게 만들면서 외적인 시간과 주관적 시간이라는 두 층위를 동시에 묘사한다.

동시에 모든 것을 다 담기

또한 제1차세계대전이 끝난 영국 런던에서 중상류층의 유복한 삶을 사는 여성 클라리사와 전쟁터에서 겪은 포탄의 충격으로 정신질환을 앓다가 정신 요양소에 가두려는 의사를 피해 창문에서 몸을 던져 자살하는 셉티머스라는 남성을 대비시킨다. 두 사람은 소설 속에서 단 한 번도 만나지 않는다. 클라리사가 파티에 참석한 다른 손님에게서 군대에 갔다 왔던 젊은 남자가 자살을 했다는 얘기를 듣는 것이 전부이다. 하지만 울프는 겉으로 보아 아무런 공통점이 없는 이 두 사람의 전혀 다른 삶이 내적으로 보면 공통점이 있음을 드러낸다. 이 두 삶의 병치를 통해 울프는 삶과 죽음, 정상과 비정상, 여성과 남성의 가치, 속물적 사회생활과 영혼의 독립성 같은 대립된 요소들이 결코 분리된 세계가 아님을 역설한다.

대립되는 두 영역이 실은 서로 연관된 것임을 보여주기 위해 울프는 여러 연결고리들을 등장시킨다. 그 두 세계를 동시에 포착하고자 안과 밖 그리고 전방위로, 오르락내리락 가볍게 이동하는 의식의 흐름과 상징적 이미지를 동원한다. 『댈러웨이 부인』에서 사람들은 어느 순간이든 똑같은 사건을 경험하면서 하나가 된다. 사람들은 각기 다른 장소에서 다른 삶을 살지만 빅벤 시계의 울림을 함께 듣거나, 하얀 연기를 내뿜으면서 하늘에 글자를 만들며 날아가는 비행기를 함께 바라보며 하나가 된다. 사람들을 하나로 묶어주는 이런 사건들을 재현해낼 때 화자의 목소리는 클라리사가 생각할 때의 목소리가 아닌 경우가 많다. 그것은 형체 없이 항상 존재하는 일종의 영혼 같은 것으로 모든 일을 다 포착하려는 화자의 '눈'이다. 역시 울프의 혁신적인 소설 기법인 이 '눈'은 저자의 위치에서 아무 데나 침범하는 게 아니라 모든 상황을 인식하고 표현하는 화자의 목소리이다. 울프는 이런 다양한 방법들을 통해 한 순간에 여러 사람의 감정과 생각을 동시에 보여줌으로써 우리로 하여금 좀더 넓은 마음을 갖게 하고, 삶에는 여러 가지 관점이 있음을 알려준다.

여성의 심리적 저항

이 소설의 여주인공 클라리사 댈러웨이의 모습도 페미니즘적인 요소와는 별 상관이 없어 보인다. 도리어 매우 여성적이고 의존적이고 비정치적인 인물처럼 보인다. 그러나 클라리사는 몇 년 뒤에 나올 페미니즘 에세이 『자기만의 방』에서 주장하는 메시지를 소설 형식으로 구현한 인물이라고 할 수 있다. 이 소설의 주제는 한마디로 억압, 독재, 그리고 젊은이들을 강제로 전쟁으로 끌고 가 죽게 만드는 가부장 문화에 대한 저항이다. 클라리사가 영국 지도층 계급을 대표하는 정치인의 아내라는 위치를 보면 그녀도 그 사회구조의 일부처럼 보인다. 그러나 그녀에게는 처녀 적 여자친구 샐리 시튼에 대한 사랑과 비밀스런 성적 욕망이 있다. 그리고 그녀에게 열렬히 구애하던 피터 월쉬가 절대로 그녀를 혼자 내버려두지 않고 "모든 것을 공유해야만" 하고 "모든 것을 자세히 의논해야" 한다며 구속하는 것을 참을 수 없어, 자신에게 심리적 공간을 허용하는 리차드와 결혼하는 저항적인 측면이 있다.[32]

클라리사는 소설 내내, 젊은 소녀 시절 사교계에 데뷔하여 사람들과의 관계를 만들어 가기 시작하던 때의 자신을 회상한다. 그리고 피터 월쉬와 여자 친구 샐리 시튼 모두에게 사랑을 느끼던 일도 회상한다. 샐리는 클라리사와는 다른 종류의, 훨씬 자유로운 여자였다.

> 하지만 그날 저녁 내내 그녀는 샐리에게서 눈을 뗄 수가 없었다. 자신이 가장 숭배하는 특별난 종류의 아름다움이었다. 살색이 까맣고, 커다란 눈에 자신은 가지지 못했기에 그녀가 항상 부러워하던 특성을 갖고 있었다— 마치 무엇이라도 말할 수 있고 할 수 있는 듯한 일종의 자유분방함이었다. 그런 특성은 영국 여인네들보다는 외국인들에게 훨씬 흔했다.[33]

버지니아 울프가 부각시키는 이 같은 페미니즘적 주제는 그것을 전달하는 모더니즘적 방식으로 인해 더욱 도드라진다. 클라리사의 저항은 소설의 오래된 규율, 엄격한 형식과 싸우는 버지니아 울프 자신의 모습과 오버랩되는 것 같다. 삶에서의 여러 억압과 독재를 표현하기 위해 울프는 인물들을 의식의 흐름이라는 물결 속에 집어넣는다. 그리고 시계와 종소리로 측정되는 공식적 시간을 해체하여 기억과 꿈, 명상 같은 사적이고 내면적인 시간과 대비시킨다. 또는 댈러웨이 부인과 셉티머스로 대변되는 정상과 비정상을 나란히 동등한 가치로 제시한다. 울프는 존재의 두 층위가 함께 인식되는 어떤 삶의 '순간', 그 '존재의 순간들', 겉으로 보이지 않는 저 너머의 진실, 리얼리티가 드러나는 순간을 말로 기록하는 것, 그것이 소설가인 자신의 일이라고 규정한다.

두 세계를 연결하는 방법들

두 가지 시간

이 소설에서는 시간이 하나의 중요한 구조적 장치이다. 울프는 시간을 통해 객관적·주관적 인식의 여러 모습을 보여준다. 시간에는 두 가지 종류가 있다. 하나는 빅벤의 시간처럼 연대기적 순서로서의 시간이고, 또 하나는 프랑스 철학가이자 작가인 앙리 베르그송이 말한 내면적 시간(inner time)이다. 소설 전체에서 인물들은 계속 시간을 의식하지만 그들이 경험하는 '내면의 시간'은 그것과 전혀 다르게 작동한다. 빅벤의 종소리가 소설 내내 울려 퍼지면서 외적인 현실로서의 연대기적 시간을 알려준다. 하지만 동시에 그와는 다른 보다 더 창조적이고, 덜 고정되고, 덜 명확한 내면의 시간을 알리는 다른 시계소리도 들려온다. 그것은 명확하지 않고 망설이는 듯하고, 별로 타인에게 자신을 과시하려들지 않는다. 그처럼 덜 지배적이고 덜 날카로운 시계소리를 대변하는 것이 클라리사 댈러웨이의 행동이라면, 소설 속의 브루턴 부인이나 클라리사의 딸을 가르치는 킬만 양, 정신과 의사로 나오는 윌리엄 브래드쇼 경 같은 인물들은 그 반대의 시계소리를 대변하는 이들일 것이다.

두 가지 정체성
1) 클라리사

울프는 클라리사 댈러웨이와 셉티머스 워렌 스미스라는 두 주요인물의 삶을 병치하여 소설의 구조장치로 사용한다. 클라리사는 피터 월쉬에게 가졌던 열정과 사랑을 포기하고 리차드 댈러웨이와 결혼한 뒤에도 처녀처럼, 속세를 떠난 수녀처럼, 혼자만의 방에서 지내며 '좁아진 침대'를 선택한다.[34] 그녀는 대개 정숙한 수녀의 이미지로 묘사된다. 하지만 그녀는 어느 정도 사랑 없이 결혼한 리차드 댈러웨이와의 결혼생활에서 자신의 한 부분을 잃지 않고 지킬 줄 안다. 그녀의 성취는 모두가 사교적인 것이다. 그녀는 파티를 준비하여 성공적으로 치러낼 줄 안다. 이런 측면에서 보면 클라리사는 인생에 맞서 거기에 질서를 부여하고, 세상 속에서 성취를 이뤄낸다고 할 수 있다. 울프의 소설에 나오는 많은 여성 인물들처럼 클라리사는 사교적인 면에서 뭔가를 창출해낸다.

> 그러나 사람들이 말하는 것 (이런 평가들은 얼마나 피상적이고, 얼마나 단편적인가!) 아래로 이제 그녀 자신의 마음 속으로 더 깊숙이 들어가 보면, 그것, 그녀가 삶이라고 부르

는 이것은 자신에게 무엇을 의미하는 것일까?……만약 그들을 서로 알게 할 수만 있다면 하고 느꼈다. 그래서 그녀는 파티를 여는 것이었다. 그것은 베푸는 것이며, 결합시키는 것이며, 창조하는 것이었다. 하지만 누구에게? 베풀기 위해서 베푸는 것이리라. 아마도, 어쨌든, 그것은 그녀의 능력이었다. 조그만치라도 중요한 어떤 다른 일도 그녀에게는 없었다. 사고하거나 글을 쓸 줄도 몰랐고 심지어는 피아노를 칠 줄도 몰랐다.[35]

하지만 클라리사의 다른 측면에서는 편안한 죽음을 갈망하고 거기서 인간을 넘어 존재하는 어떤 영원한 것과의 합일을 꿈꾼다. 클라리사는 타인은 우리를 완전히 이해할 수 없다고 보며, 우리는 사회에서 일정한 역할을 하며 살아가지만 우리의 내면적 자아는 결코 완전한 모습으로 고정되거나 드러나지 못한다고 말한다. 그렇기 때문에 우리는 소외감을 느끼고 자아 속에 갇힌다. 하지만 또 그로 인해 우리는 주변에 존재하는 모든 것들, 자연에 시선을 돌리게 되는 면도 있다. 클라리사라는 인물의 절반은 멋진 파티를 열어 수상을 포함한 많은 손님들을 매료시키지만, 그녀의 또 다른 절반은 그런 소란 속에서 빠져나오고 싶어 한다. 바로 이 나머지 반쪽 성향이 셉티머스 위렌 스미스라는 인물에서 그 완전한 모습을 드러낸다. 제1차 세계대전에서 얻은 충격으로 전쟁 신경증을 앓고 있는 그의 생각이 소설의 상당 부분을 차지한다.

2) 셉티머스

  영국을 구하기 위해 전쟁에 자원했던 셉티머스는 휴전 바
로 직전 이탈리아에서 동료 에반스가 죽는 것을 보고도 아무
런 감정을 느끼지 못한다. 마지막 포탄은 참호 속의 그를 맞히
지 못했지만, 포탄이 폭발하는 것을 보고도 그는 아무것도 느
끼지 못한 채 무심하게 지켜볼 뿐이다. 평화가 오고 밀라노의
하숙집에 배정받아 있는 동안 그 집의 작은딸 루크레비아에게
청혼하여 결혼까지 하지만 그에게는 아무런 느낌도 없다. 대
부분의 사람들이 겪는 외적인 현실, 객관적인 세계가 셉티머
스에게는 매우 낯설게 느껴진다. 그래서 그는 자신만의 주관
적인 세계 속으로 빠져든다. 그는 바로 클라리사에게 억압되
어 있는 본능적인 면을 표출한다. 그는 종종 악몽처럼 보이는
꿈의 세계로만 후퇴한다. 그는 리전트 파크에서 죽은 에반스
의 모습을 보기도 하고, 새들이 그리스어로 이야기하는 것을
듣기도 한다.

  셉티머스는 자연과의 합일을 느끼고 소멸되어버리길 원한
다. 그는 울프가 매우 즐겨 쓰는 물의 이미지를 사용하여 '익
사한 선원'으로 묘사된다. 그의 광증 묘사는 울프 자신의 경험
을 바탕으로 한 것이며, 그 부분의 리듬과 이미지는 산문이라
기보다는 시에 가깝다. 그는 아름다움과 공포를 동시에 느끼
지만, 결국 소멸을 선택한다. 여기서 스미스를 진찰하는 의사
들이 그를 전혀 이해하지 못한다는 것은 매우 중요한 의미를
지닌다. 그 의사들에게는 동정심도 상상력도 없다. 버지니아

울프가 개입하는 화자의 역할을 맡아 소설 속으로 걸어 들어오는 경우는 이 의사 윌리엄 브래드 쇼를 묘사할 때 한 번뿐인데, 강력한 비난의 목소리를 감추지 않는다. 울프 자신이 신경쇠약증에 걸릴 때마다 받아야 했던 치료는, 모든 학업이나 집필을 중단한 채 침대에 누워 있기만 하고, 정해 준 식사와 우유를 억지로 먹어야 하는 소위 '휴식요법'이었다. 의사는 그녀를 "혼자서 쉬게, 침묵을 지키며 쉬게, 친구도, 책도, 메시지도 없이 쉬게" 했고 그녀는 홀로 격리되어 동물처럼 살찌워지고 잠자야 했다.[36) 자신의 신경증 원인도 파악하지 못하는 의사가 강요하는 그 야만적인 치료방식에 울프는 너무나 분노했다. 그녀는 모두가 규율에 획일적으로 따라야 한다고, 모든 사람이 다 똑같은 존재이고 똑같은 생각을 하며 똑같이 세상을 바라보아야 한다고 요구하는 세상을 비난한다. 자신과 똑같은 생각을 갖도록 전향시키는 사람들에게 울프는 그저 모든 사람을 자기 모습 그대로 내버려두기를 바란다.

이처럼 상대의 영혼을 강요하는 윌리엄 브래드 쇼 경은 균형감각을 숭배하는 것으로 나온다.

균형을 숭배하면서, 윌리엄 경은 자신뿐만 아니라, 영국을 번영케 했으며 나라의 미치광이들을 격리시켰고 아이들의 출생을 금했고, 절망을 벌주었으며, 부적격자들이 그들의 견해를 퍼뜨리는 것을 불가능하도록 만들었다. 마침내 그들 또한 그의 균형감각 – 남자라면 자신의, 여자라면 브래드 쇼

부인의 균형감각(그녀는 수를 놓고 뜨개질을 했으며 일주일
중 나흘 저녁은 아들과 시간을 보냈다) - 을 함께 공유하였
다. 그래서 동료들은 그를 존경했고 아랫사람들은 그를 두
려워할 뿐만 아니라 환자들의 친구들과 친척들도 그에게 큰
고마움을 느꼈다.[37]

울프가 윌리엄 브래드 쇼 경 같은 의사들의 억압적이고 제
한된 세계관을 비판하고 그런 식의 획일적인 이성은 이제 시효
를 다했음을 주장한 것은 사실이다. 하지만 그녀는 여성은 바
람직하고 남성은 부정적이라는 식의 단순한 대립을 제시하지
는 않았다. 윌리엄 경의 아내인 브래드 쇼 부인과 길먼 양은 여
성이지만 그들의 삶은 매우 경직되어 있으며, 길먼 양은 댈러
웨이 부인의 딸인 엘리자베스에게 지적인 지배력을 행사한다.

삶과 죽음

클라리사가 파티에서 스미스의 자살 소식을 듣게 되면서
그와 클라리사의 이야기가 하나로 합쳐진다. 그녀는 한편으로
그가 죽음을 선택한 것이 도피라고 느낀다. 하지만 자신 역시
죽음의 문제를 놓고 방황한 적이 있던 그녀는 그의 죽음을 듣
고 나자 마음의 짐을 던다. 그녀는 삶을 선택하기로 한다. 그
의 죽음은 살아 있는 자들에게 삶의 의미를 알려주기 위한 것
이었던 셈이다. 그녀는 그의 행동으로 구원을 받았다고 느낀

다. 그가 그녀의 생각을 실천해 주었으므로 클라리사는 삶에 의미가 있음을 깨닫고 다시 살아가기로 결정한다.

> 하지만 그는 삶을 던져버렸다. 반면에 그들은 계속 살아간다.……그들은 늙어가리라. 중요한 어떤 것이 있었다. 그것은 시시한 이야기에 둘러싸여 외관이 흉하게 되고, 그녀의 삶 속에서 손상되어 매일매일 부패와 거짓말과 잡담 속으로 떨어져 내렸다. 이것을 그는 그대로 보존한 것이다. 죽음은 도전이었다. 죽음은 의사를 소통하려는 시도였다. 반면에 사람들은 신비하게도 자신들을 피해 가는 중심에 다다르는 것이 불가능하다는 것을 느꼈다. 친밀했던 관계는 멀어져가고, 황홀함은 시들고, 사람은 혼자였다. 하지만 죽음에는 포용하는 힘이 있었다.[38]

그녀는 삶과 교제와 행동과 관계들이 얼마나 중요한가를 생각한다. 그가 죽음을 선택했다는 사실로 인해 그녀의 내부에서 뭔가가 해소되었다. 그녀는 다시 활기를 얻고 행복감을 느꼈다. 그녀 자신이 죽음을 택할 필요가 없게 되었다. 그가 그녀 대신 해준 것이다. 그리고는 독특한 몸짓을 지으며 클라리사는 삶 속으로, 파티 속으로 뛰어든다.

『댈러웨이 부인』에 사실적 세계가 없는가

이 소설에서 가장 훌륭한 점은 전쟁의 여파를 강력하게 다루었다는 데 있다. 울프는 전쟁을 경험한 뒤에도 마치 아무 일도 없었다는 듯 이전의 삶을 계속하는 영국 상류층들의 모습과 대비하여, 전쟁의 후유증을 호되게 앓고 있는 셉티머스라는 젊은이가 도시 한가운데서 전사한 동료의 유령을 목격하는 장면을 배치시킨다. 울프는 이 강력한 이미지를 통해 영국 사회가 전쟁으로 이득을 본 자들과 셉티머스처럼 전쟁으로 파괴된 사람들로 나뉘는 것을 극화시킨다.

치명적인 인플루엔자에 걸렸다가 회복된 클라리사 댈러웨이가 다시 기운을 얻고 파티를 열 준비에 들어가는 것이 이 소설의 플롯이지만 사실 이 작품의 대부분은 의식의 상태—삶과 죽음 사이에서의 선택들, 제1차세계대전이 인간 삶에 드리운 끔찍한 여파—에 관한 것이다. 그러므로 이 소설은 제1차세계대전 직후라는 특정 시기에 런던이라는 특정 장소를 바라보는 역사적 맥락의 소설이며, 또한 현실을 새로운 감각으로 다룬 소설이다. 즉, 사람들이 어떻게 감정을 느끼고 기분이 바뀌는가, 과거의 기억과 현재의 감각적 인상과 미래에 대한 생각이 어떻게 마구 뒤섞여 있는가에 집중한 소설이다.

그녀는 사람들이 마음속으로 이러저러한 다양한 생각을 하면서 사람들과 어울려 대화하고 행동하는 모습을 한순간에 보여준다. 순간순간 변하는 경험들, 한 개인의 내면에서 일어나는 생각들을 표현해내는 독창적인 방식이 빛을 발하는 소설이다. 『댈러웨이 부인』에는 울프가 즐겨 다루는 주제들이 모두 모여 있다. 정체성의 문제, 인간관계, 여성의 역할과 여성에

주어진 가능성들, 정상성, 인식의 문제 등등 이러한 주제들이
『등대로』에서 보다 깊이 다루어진다.

사람의 마음속 생각을 기록하기

『등대로』는 버지니아 울프의 부모 이야기

버지니아 울프가 어린 시절의 여름을 보낸 곳, 세인트 아이브즈 해안의 별장 톨랜드 하우스에서의 시간들은 울프의 전 생애에 걸쳐 행복이라는 개념이 자리잡는 유일한 곳이다. 그곳은 울프가 태어난 지 6개월 된 아기였을 때 처음 갔던 집이고, 열세 살이 되었을 때 엄마의 죽음으로 갑자기 잃어버린 집이다. 『등대로』는 그 집에서 지낸 어린 시절과 그것의 상실에 대한 소설로서 울프의 가장 자전적인 작품이다.

나는 이 소설에서 아버지를 완벽하게 묘사하려 한다. 또 어머니, 세인트 아이브즈 그리고 나의 유년 시절을 그려 넣을 것이다. 그리고는 내가 늘 작품에 담고자 하는 것들, 즉 삶, 죽음 등을 다룰 것이다. 그러나 작품의 중심을 이루는 것은 배를 타고 앉아 죽어가는 고등어를 짓이기며 "우리는 모두 외롭게 죽어간다"라고 읊조리고 있는 아버지이다.[39]

울프는 이 소설의 램지 씨를 통해 자기 아버지를 폭군적인 이기주의자, 꽤 까다로운 학자, 위엄 있고 외롭고 비탄에 잠긴 금욕주의자로 극화시킨다. 그녀는 램지 씨의 감정적인 위선, 자기감정을 제어하지 못하는 무능력, 그 중에서도 특히 가까운 사람들을 괴롭히며 격려해 달라고 호소하고 요구하는 등의 이기적인 행동을 그림으로써 램지 부부의 결혼생활이 지닌 제국주의성을 표출한다.

『등대로』는 또 울프가 램지 부인을 통해 자신의 어머니 줄리아 스티븐을 그려내고 존경을 표한 소설이자, 그 어머니가 자기 삶에 가했던 지배력을 내쫓기 위해 쓴 소설이기도 하다. 즉, 딸이 어머니를 어떻게 떠나보내며 또 회복하는가, 그리고 어머니를 잃은 고통과 분노를 넘어 이제는 더 이상 필요로 하지 않는 가능성으로 (어떻게) 나갈 것인가에 관한 소설이다.[40] 울프는 『자기만의 방』에서 "글을 쓰는 여성은 자신의 어머니를 통하여 거슬러 생각한다"고 말한 바 있다.[41] 하지만 에세이 『여성과 직업』에서는 모순되게도 이런 말을 했다.

그리고 그 환영은 여자였다. 내가 그녀를 좀더 잘 알게
되었을 때 나는 그녀를······집안의 천사라고 불렀다.······그
리고 내가 글을 쓰려 하자, 첫 몇 마디에서부터 그녀와 대결
해야 했다. 그녀의 날개의 그림자가 내 종이 위로 드리워졌
다.······그녀에게로 돌아서 목을 조여 잡았다. 나는 그녀를
죽이려 사력을 다했다.······내가 그녀를 죽이지 않았다면 그
녀가 나를 죽였으리라.······그녀는 어렵게 죽었다.······내가
그녀를 처치했다고 생각할 때면 언제나 그녀는 슬그머니 숨
어 들어왔다.42)

어머니를 통해 생각해야 하는가, 아니면 어머니를 죽여야
하는가. 죽었다고 생각하면 어김없이 되살아나는 이 유령을
딸은 죽여야만 하는가. 울프는 늘 아버지의 죽음은 축복받은
해방으로 보았던 반면, 어머니의 죽음은 최대의 재앙으로 생
각했다. 그러나 헌신적이면서도 또 한편으로는 감정적으로 지
배적이었던 그녀의 어머니가 오래 살았다고 가정한다면 켄싱
턴을 떠나 블룸즈베리로 옮기지도 못했을 것이고, 덕워스가의
의붓오빠들에게서 벗어나지 못했을 것이며, 유대인 남편과 결
혼하는 일도 상상할 수 없었을 것이고, 또 『등대로』도 씌어지
지 않았을 것이다.

한마디로 이 소설은 애증의 부녀관계, 독재적인 아버지에
증오로 맞서는 아들, 아름답게만 보였던 부모의 부부생활이
지닌 이면 등 가족의 삶 속에 내포된 폭력성을 다룬다. 덧붙여

릴리라는 여성 예술가를 통해 이제 어머니처럼 살 수 없는 젊은 세대 여성의 새로운 삶의 방식을 모색하고, 남녀의 분리된 삶만을 강요하는 가부장적 결혼관계의 부당함을 조명한다.

소설은 크게 3부로 나누어진다. 큰 줄거리를 살펴보면, 1부 '창(Window)'에서는 해변의 시골 별장에서 램지 부부와 여덟 아이들(제임스, 로저, 앤드루, 재스퍼, 낸시, 프루, 로즈, 캠), 그리고 이들 가족 외에 해마다 초청되는 손님들이 함께 보내던 아름다운 여름날들이 묘사된다. 2부 '시간이 흐르다(Time Passes)'에서는 램지 부인이 죽고 난 뒤 아무도 찾지 않는 별장이 10년의 세월에 걸쳐 허물어지는 모습이 그로테스크하게 묘사된다. 그동안 딸 프루가 결혼하고, 그 여름에 아기를 낳다 출산 후유증으로 죽었으며, 아들 앤드루도 전쟁터에서 죽는다. 하지만 2부에서 그런 큰 외형적 사건들은 괄호 속 문장으로 간단히 묘사될 뿐이고, 자연과 시간의 횡포에 휘둘리는 별장의 모습만이 거대한 침묵 속에서 그려진다. 이어 3부 '등대(The lighthouse)'에서는 램지 씨와 함께 아들 제임스와 딸 캠이 어린 시절에 가고 싶었으나 실현시키지 못했던 등대로의 여행을 하면서 그간의 오해를 푼다. 1부와 3부가 겨우 며칠에 해당되는 시간을 다루는 반면 이 2부는 10년에 걸친 이야기이다. 이 가족의 한 가지 목적은 별장에서 얼마 멀지 않은 섬에 있는 등대로 여행을 하는 것인데 이 여행은 이들 가족들 간의 애증의 관계를 드러내는 일종의 감정적 순례와도 같다.

가족 간의 상호 작용, 오십 쌍의 눈으로 바라보기

『등대로』는 함께 모인 사람들이 서로에게 영향을 주고 서로 오해하고, 또 이해하려 애쓰는 모습, 서로 관계 맺거나 맺지 않으려는 모습에 관한 소설이다. 결국 그것은 상호 작용에 관한 얘기다. 함께 겪은 동일한 사건이라도 사람마다 반응이 다르고, 타인이나 사건, 경험에 대한 사람들의 생각도 끊임없이 변한다. 이 소설에서 울프가 이 사람 저 사람의 마음속을 들여다보며 오가는 실험적 서술은 환상적이다. 그녀는 인간의 거만함과 위선, 어리석음을 너무나 잘 알고 있으며 사람들 간에 일어나는 아주 미묘한 기분 변화, 관계 변화에 민감하다. 그녀는 우리를 데리고 이야기의 한복판으로 추락한다. 그것도 대개는 어떤 경험이나 문장의 말미 부분에다 우리를 떨어뜨려 놓는다.

그녀는 특정 순간에 한 사람이 느끼는 경험과 감각, 생각, 감정을 기록하는 데 선수이지만, 서로 관계를 맺고 있는 여러 사람들 사이에서 오랜 시간을 두고 벌어지는 경험들을 기록하는 데도 명수이다. 이를 공유된 주관성 내지 상호 주관성이란 기법이라 부르는데, 울프는 주로 친구들이나 가족을 대상으로 하여 상대에 대해 갖는 감정에 따라 어떻게 서로의 태도나 행동이 달라지는지를 보여준다. 그리고 과거와 미래의 생각들로 인해 영향받는 모습도 드러낸다.

의식의 흐름 기법과 상호 주관성을 다루는 울프의 문체가 완전히 발현되는 모양을 보고 싶다면 『등대로』의 제1부 첫 두 페이지를 한번 펼쳐보라. 여기서 그녀는 감정을 다루는 완전히 새로운 방식이 있음을 보여준다. 소설의 첫 페이지는 램지 부인이 아들 제임스에게 "그럼, 물론이지. 내일 날씨만 좋으면 말이야"라며 등대에 갈 수 있다고 말하면서 시작한다.[43] 그 여행은 아들이 가장 소망하는 바이다. 이 장면은 저마다의 계획과 희망을 가지고 있는 부모 자식 간의 여러 심적 변화들을 보여준다. 램지 부인은 아들을 실망시키고 싶지 않다. 어머니가 제시한 가능성이 아들의 마음에 전달되고 그래서 제임스는 이제 엄청난 기쁨을 느낀다. 등대로의 여행이 정해진 듯싶어 잔뜩 기대하는 마음이 생긴다.

여기서 울프는 제임스의 관점에서 빠져나와 우리에게 말한다. 미래에 대한 우리의 희망과 두려움 때문에 지금 현재의 경험이 다르게 느껴지지 않느냐고, 또 지금의 감정에 따라 자기 앞의 순간들이 다르게 느껴지지 않느냐고. 이건 인간의 경험을 완전히 새로운 시각에서 묘사하는 방법이다. 중요한 어떤 순간이, 그때 같이 일어난 다른 사건이나 분위기로 인해 더욱 고조되거나 혹은 망쳐버린 경험이 없었는지 생각해 보라. 울프가 언제나 주목하는 것은 내면에서 일어나는 감정이고 사건이나 행동에 우리가 부여하는 중요성이지, 사건이나 행동 그 자체가 아니다.

이어서 아들에 대한 어머니의 반응과 엄마, 아빠에 대한 아들의 반응도 재미있게 드러난다. 어린 소년 제임스는 육해군

백화점 카탈로그에서 그림을 잘라내고 있는 중이다. 아이는 등대에 갈 수 있을지도 모른다는 기대의 감정을 가위로 오려 내는 일에 전이시킨다. 그래서 냉장고 그림이 "가장자리에 기쁨의 술 장식을 두르고 있다"고 느낀다.[44) 어찌 보면 우스운 일이다. 냉장고는 등대로 가는 여행과 아무런 상관이 없지만 미래에 대한 행복한 감정 때문에 지금 제임스가 하고 있는 행위가 영향을 받고 있는 것이다. 이렇게 울프는 과거와 미래가 현재에 큰 영향을 미친다는 점을 우리에게 보여준다. 서로 다른 시점의 순간들이 어떻게 서로에게 들어와 영향을 끼치며, 사람의 감정이 어떻게 행동이나 감각과 오버랩될 수 있는지를 말이다.

제임스는 자기 소망이 이루어질 것 같다고 느낀 순간 행복하다. 하지만 그 행복은 부분적으로 엄마와 함께 있다는 사실로 인해 가능하다. 엄마는 천성적으로 남의 뜻을 받아주고, 가족이 모두 행복하고 자기 식대로 살아가고 있으며 서로 협동할 수 있음을 확신해 주려는 사람이기 때문이다. 제임스가 행복감으로 가득 찬 채 그 행복을 자기가 잘라내고 있는 물건들에 전이시키고 있을 때, 어머니는 전혀 다른 방식으로 아이에 관한 생각을 한다. 어머니는 아이가 좀 엄격하다고 보며, 어쩌면 아이가 미래에 경직되고, '절대로 타협을 용납하지 않는' 판사가 되지 않을까 생각한다.[45) 이것은 아들을 바라보는 어머니의 전형적인 모습이다. 램지 부인은 아이가 행복하기를, 성공하기를 바라고 그래서 여행을 갈 수 있을 것이라는 생각을 심어준다.

그러나 램지 씨는 다르다. 그는 자기 계획과 답변을 가지고 들어선다. 사교적이거나 가족적인 타입이 못되는 제임스의 아버지는 자기가 판단하기에 무질서하고 있을 법하지 않은 일에 대해서는 자신의 논리와 질서를 주장한다. 그는 자기 아이들 중 그 누구도 비현실적인 일을 따라가길 원치 않는다. 그래서 "하지만, 내일 날씨는 좋지 않을 걸" 하며 여행 가능성을 부인한다.46) 그는 여행에 대한 기대에 찬물을 끼얹는다. 아버지의 거절에 대해 제임스는 즉각적이고도 격렬한 반응을 한다.

만약에 가까이에 도끼나 부지깽이, 아버지의 가슴에 구멍을 내어 죽일 수 있는 물체가 있었더라면 제임스는 그것이 무엇이든 상관 않고 움켜잡았을 것이었다. 램지 씨의 존재는 그 자체로 자식들의 마음속에 이처럼 격렬한 감정을 불러일으켰다.47)

분명히 제임스는 어머니를 더 좋아하고 아버지를 미워한다. 아니 아버지의 통제와 거부를 증오한다. 그 나이 또래에는 그 반응을 폭력으로밖에 나타낼 수가 없지만 이 반응에서 아이가 갖는 감정의 놀라운 깊이와 그 즉각성이 측정된다. 한순간 평정을 느끼다가도 다음 순간 한마디 말에 아버지를 공격하려든다.

이것은 한 인간의 말과 행동이 다른 사람의 행동을 얼마나 크게 변화시키는지를 보여준다. 그녀는 이 모든 제임스의 마음, 즉 말보다는 그림이 더 많고 감정으로 가득 차 있는 마음을 번역해낸 것이다. 다음 문장에서 제임스는 '칼처럼 깡마른' 램지 씨가 마치 자신의 주된 의도는 제임스에게 환멸을 주는 것이라도 되는 양 씩 웃으면서 빈정거리듯 서 있는 모습을 본다. 이렇게 램지 씨는 제임스의 생각에 따라 묘사되다가, 어느 순간 화자의 목소리가 램지 씨 자신의 목소리로 변화하여 그의 마음속으로 들어간다. 그 목소리가 그의 모든 감정을 다 기록하지는 않지만 그가 자기감정과 생각을 표현할 때 쓸 법한 표현들을 사용하기 시작한다. 이것이 바로 자유간접 화법이다. 이 화법은 당사자가 하는 말을 실제로 인용하지 않으면서 그의 말을 포착한다. 이 화법을 통해 우리는 그 당사자의 마음속으로 들어갈 수 있다.

램지 씨는 조금도 타협의 여지를 보이지 않으며 한 가지 사실에 대해 이랬다저랬다 하는 법이 없는 것을 자랑으로 삼는다. 자식들이 어려서부터 인생은 힘든 것임을 알아야 한다고 이야기하는 그의 언어는 자기주장적이고, 고집 세고, 철학적이다. 화자는 그의 생각을 전달할 때 실제로 그가 하는 행동은 괄호 속에 넣는다. 대개의 작가들은 사람들의 행동을 말해준 다음 그들의 생각을 상상하거나 기록한다. 곰곰이 생각하는 것보다는 행동 쪽에 우선권이 있기 때문이다. 울프는 우리가 현실을 경험하는 방식이 감정이나 생각을 통해 중재된다고 보며, 따라서 그녀의 글에서는 행동보다 감정과 생각이 더 우선권을 갖게 된다.

『등대로』에서 사용된 울프의 문체는 인간의 관계와 경험을 딱 꼬집어서 말한다는 것이 얼마나 어려운지를 보여준다. 그녀는 한 사람의 마음이 이 생각에서 저 생각으로, 이 감각에서 저 감각으로 휙휙 지나가고, 자신이나 타인에 대한 평가가 수시로 바뀌는 과정에 주목한다. 타인에 대한 우리의 인식은 시간과 장소와 기분과 사람들의 행동에 따라 달라지며, 또 그 인식도 문맥이나 상황에 따라 바뀐다. 그러므로 우리는 서로를 결코 제대로 알 수도 없고 우리의 반응을 하나로 고정시킬 수도 없다. 아마도 제대로 보려면 '오십 쌍의 눈'으로도 충분하지 않을 것이라고 이 소설 속의 여성 예술가 릴리 브리스코는 말한다.[48] 현실 인식의 방법이 수없이 다양하다는 사실을 울프는 그렇게 표현한다. 그렇다면 『등대로』에서 보이는 의식의 흐름 기법은 입체파 화가 피카소의 큐비즘(cubism)적 작품 「아비뇽의 처녀들」이 여러 여성을 동시에 여러 시각에서 잡아 그린 것에 견줄 만하다. 입체파 미술이 인간 내면에 존재하는 여러 측면을 시각적으로 포착했다면, 울프는 그것을 자유간접화법과 상징을 통해 보여준다고 할 수 있다.

램지 씨와 램지 부인

울프가 상징을 사용하는 것을 유심히 보라. 램지 부인은 등대지기 아들을 위해 양말을 짠다. 여기서 부인이 울 실을 종류별로 분류하는 것은 마치 그녀가 여러 다른 감정들을 갈무리

할 줄 알고, 또 가족 구성원들의 각기 다른 감정들을 조정하면서 다양성을 받아들이는 사람이며, 모성적일 뿐 아니라 유연하고 다양한 면모를 갖고 있는 사람임을 연상시키는 것 같다. 램지 씨는 칼 같은 날카로운 도구에 비교되고 도끼나 부지깽이같이 아들이 아버지를 치고 싶어 하는 도구들에 비교된다. 이것은 램지 부인에게 사용된 서로를 뒤섞는 창조적이고도 따스한 상징들과는 반대된다.

이런 상징들을 통해 울프는 램지 씨와 램지 부인이 전혀 다른 삶과 인간관계를 대표하는 인물임을 암시한다. 램지 씨는 논리적인 정신의 소유자로, 모든 종류의 존재는 그 범주와 영역에 따라 분류될 수 있다고 믿는다. 그는 "인간의 사고가 다양한 음으로 구분된 피아노의 건반 같은 것" 아니면 "알파벳과 같은 것"이라고 생각하며, 철학적 사고를 통해 궁극적인 진실에 도달하고자 한다.[49] 그 과정은 투쟁과도 같다. 램지의 세계관은 논리적이고 직선적이지만, 제한적이고, 경직되어 있으며, 비관적이다. 그는 진실에 대한 이해가 한 가지 어려운 사고에서 더 어려운 사고로 나아가는 직선적 활동인 것으로 보고, 종국에는 모든 것이 이해될 것으로 본다. 그리고 자신은 그 알파벳의 Q쯤에 도달했다고 생각한다.

그러나 울프는 이성에 기초하여 모든 것이 다 이해될 수 있다고 믿는 이 고도의 논리적 정신을 풍자한다. 그런 식으로 인생을 이해하려는 것은 좌절을 불러올 뿐이다. 인생은 너무도 다양하고 유연하며, 사로잡기에는 너무 다른 것들로 이루어져 있기 때문이다. 램지 씨에게는 따스함과 직관력이 부족하다. 영웅적인 독재자인 그는 차갑고 논리적이고 객관적인 태도를 가지려 노력한다. 그러면서도 아내에게 끝없이 동정을 요구하며 아내의 힘을 소진시킨다. 그의 '치명적인 불모성'이 '놋쇠의 부리'처럼 돌진해 오는 것에 응하면서, 아내는 "즉시 대기 속으로 에너지의 비를, 물보라의 기둥을 곧바로 쏟아 붓는 듯이 보였다."[50] 아내는 카리스마가 넘치는 '대지의 어머니'이고, 예민하며, 직관적이고, 감성이 풍부하며, 매사에 주관적으로 접근한다. 램지 부인은 인생에서 전혀 다른 종류의 여행을 한다. 그녀의 삶과 사고방식은 더욱 유연하고 유동적이고 다양하여 대립된 것을 조화롭게 만들어 가는 능력이 있다.

릴리와 램지 부인 그리고 여성의 역할

울프는 내면의 감정과 반응에 주목하지만, 외부세계와 사회 변화, 역사·정치적 순간들이 인간의 감정에 끼치는 영향에도 주목한다. 제1·2차세계대전 사이의 기간을 배경으로 한 울프 소설들의 중요한 주제 중 하나는 남성과 여성 간의 사회관계가 어떤 식으로 변화되었는가 하는 것이다. 『등대로』에서도 소설의 두 중심인물인 램지 부인과 릴리 브리스코뿐 아니라 낸시, 프루, 민타 도일 같은 여성을 통해 여성의 역할과 선택에 대한 다양한 탐색을 해본다. 램지 부인의 신념에 따르면, 여자란 다른 사람들을 보살피기 위해 존재하며 모든 이들을 하나로 조화롭게 이끌어 가고, 사람들을 엮어 결혼시키고, 그러면서 남자에게 보호받는 것이다. 또한 여성은 남자를 보호하기 위해 있고, 남성의 에고를 키워주고, 불편하고 어색한 순간들을 부드럽게 만들어 가야 한다고 믿었다.

> 사실상 그녀는 남성 전체를 보호하고 있었다. 이유는 설명할 수 없었다. 그들의 기사도 정신과 용맹 때문에, 그리고 그들이 각종 조약을 체결하고, 인도를 지배하고, 국가의 경제를 관장한다는 사실 때문에.51)

램지 부인은 이상적인 양육자이다. 그녀는 여덟 자녀를 두었고, 자식들의 삶을 조직하고 사람들을 모아 조화롭게 이끌어 가길 좋아했다. 삶의 예술가였고, 언제나 사람들의 감정을 예의 주시하면서 필요할 때 돌봐주었고, 그들이 필요로 하는 말을 해주었다. 부인은 다산성을 상징하듯 초록빛 숄에 감싸인 모습으로, 초록의 이미지들로 묘사된다. 그녀는 바깥의 나무들을 보고 자신을 추스르며 자연에 감응하는 능력이 있다. 정찬 파티를 열어 모든 친구들과 가족에게 비프 스튜를 대접하고 함께 식사할 때, 부인은 자신이 인간관계 속에서 하나의 완벽한 예술작품 같은 순간을 만들어냈다고 느낀다. 그 순간은 영원히 지속되고 기억될 것이었다.

사실상 그녀가 죽은 뒤에도 여름 별장에는 그녀에 대한 기억이 곳곳에 남아 있다. 그녀가 창조했던 아름다운 순간들에 대한 추억은 남은 사람들에게 계속 작용한다. 이것은 울프가 이 소설의 2부에서 제시하는 철학적 질문, 인간의 죽음 뒤에도 '영속하는 것은 무엇인가'에 대한 대답이기도 하다. 10년에 걸친 시간의 힘이 맹위를 떨치며 이 집안의 모든 것을 집어삼키는 모습이 그려진 2부를 거치고 난 뒤에도 계속 살아남는 것은 무엇인가. 울프는 학자 램지 씨, 램지의 친구이자 시인인 오거스터스 카마이클, 여성화가 릴리 브리스코가 몰두하는 철학과 문학과 미술을 그 답으로 제시한다. 과연 2부 후반부에서 청소하는 아주머니들이 별장을 찾아와 집을 치우고 습기 먹은 물건들을 잔디밭에 내놓으면서 램지 씨의 책들이 살아남았음을 보인다. 하지만 영속하는 것은 저작과 예술뿐인가? 집 안의 천사 역할을 구현하는 부인의 삶을 싫어했던 릴리조차도 3부에서 부인의 존재를 몹시 그리워하며 부인이 현관에서 아들 제임스와 앉아 있는 모습을 봤다고 느낀다. 그리고 그 환영이 던져준 비전 덕분에 그토록 오래 끌던 그림을 완성할 수 있었다. 램지 부인이 대변하는 여성적 가치도 살아남는다는 이야기이다. 결국 죽은 뒤에도 사람들의 마음속에 추억으로 남아 있는 부인의 존재는 남은 가족들을 한자리에 모이게 하고, 불화했던 아버지와 자녀들을 함께 등대로 여행하게 만들고, 미완성으로 남았던 릴리의 그림도 완성시키는 통합의 힘을 발휘한다.

하지만 릴리 브리스코 자신은 부인과는 전혀 다른 종류의 여성을 대표한다. 릴리라는 인물을 창조함으로써 울프는 여성에게 열린 다양한 문을 통해 많은 경험들을 해보게 만들며, 그들이 처한 제한과 가능성의 문제를 파고든다. 릴리는 화가로서 성공했고 한 인간으로서의 강인함도 보여주지만, 한편으로는 램지 부인이라는 인물에 대한 경외 앞에서 자신은 뭔가가 부족하다는 느낌을 갖는다. 이는 램지 부인이 대변하는 여성상의 힘이 얼마나 큰지를 단적으로 보여준다.

화가인 릴리는 여성의 역할에 대해 민감하게 반응하며 남자의 에고를 북돋아 주라는 램지 부인의 압박을 계속해서 느낀다. 부인은 분명하게 찰리 탠슬리라는 젊은 남자에게 친절을 베풀라고 말한다. 하지만 릴리는 램지 씨를 따르는 그 회의주의자에게 그렇게 해주기가 힘들다. 그렇게 자신을 낮추는 것은 스스로의 본성을 배반하는 것이라고 느낀다. 탠슬리는 "모두 다 여자들 탓"이고 "여자들이 온통 그들의 '매력', 그들의 어리석음으로 문명을 불가능하게" 만들었다고 생각하며, 정말 여자들을 싫어하고 도대체 그들에게 무슨 가치가 있는지를 모른다.[52] 릴리가 탠슬리의 자긍심을 북돋아 주게끔 되어 있는 순간에 자신이 고갈된다고 느끼는 것은 그가 주변에 있을 때면 느끼는 감각과 관련이 있다. 그는 언제나 그녀의 작품을 과소평가한다. 그가 "여자들은 글을 쓸 수 없어, 여자들은 그림을 그릴 수 없어"라고 말하는 것을 들으면 그녀의 창작의 샘물은 완전히 메마른다.[53]

똑같은 일이 3부에서도 일어난다. 3부에 오면 그녀가 주요 인물이 되어 모든 것이 릴리의 의식을 통해 경험되는데, 여기서 아내를 잃은 처지의 램지 씨가 릴리에게 다가와 동정을 베풀 것을 요구한다. 그로서는 남자에게 동정을 베푸는 것이 여자의 역할이니까 말이다. 이렇게 자기희생을 함으로써 여자의 에너지는 고갈되고, 그 결과 그림이든 뭐든 창작은 전혀 할 수가 없는 것이다. 릴리는 동정을 베풀 수 없으며 베풀지도 않겠다고 생각한다. 그녀는 스스로의 감정을 손상시키지 않도록 자신을 지켜야 한다고 생각한다. 그렇지 못하면 그림을 그릴 수 없다. 그림은 그녀의 생명이다. 하지만 한편으로는 동정을 베풀기를 거절하는 자신이 여성으로서 좀 부족하지 않은가 생각하기도 한다. 여성스러운 행동을 하지 않을 때 사람들이 자신을 말라비틀어진 노처녀로 생각하지 않을까 염려한다. 그러나 "곧 내게 덮쳐 그에게 도저히 줄 수 없다고 느끼는 어떤 것을 요구할" 그를 피하고 싶은 릴리는 "그가 오십 피트는 떨어져 있게 해야지, 말도 걸 수 없게 해야지"라며 그의 요구로부터 자신을 지킨다.[54] "결코 주는 법은 없고 취하기만 하는" 램지 씨에 대한 분노가 더 크기 때문이다.[55]

예술적 종결

이 소설은 삶과 죽음을 배경으로 하여 시간과 기억, 인간관계, 인생과 예술에 대한 여러 가지 해석을 내놓고는 완전히 만족스러운 결말과 함께 끝난다. 램지 씨와 아들, 딸 제임스와 캠이 마침내 배를 타고 등대에 도착하면서 이야기의 한 가지가 완결된다. 소설 내내 지속되던 아버지와 자식들 간의 오해가 없어지며, 그와 동시에 릴리도 자기의 비전을 갖게 된다. 램지 부인을 하나의 비전으로 보고 자신의 모든 인식을 작품 속에 쏟아 넣어 온 릴리는 마침내 소설 내내 작업해 오던 그림을 완성한다. 소설은 낙관적으로 끝난다. 램지 부인이 죽음 뒤에도 사람들 마음속에 살아 있는 것처럼, 인간은 죽고 난 뒤에도 영원히 살 수 있는 것이다. 릴리의 그림 완성과 동시에, 돌아가신 램지 부인을 제외한 나머지 가족들이 등대에 도착하는 두 사건으로 소설은 조화롭게 종결되고, 모든 주요 주제들과 이야기의 가지들이 완결되면서 하나의 예술작품으로 마무리지어진다.

셰익스피어에게 누이가 있다면

여성과 창작, 그 방해의 역사

위대한 작가로서 울프가 누린 명성은 20세기 여성작가들의 작품 평가에 커다랗고 긍정적인 영향을 끼쳤다. 여성작가 버지니아 울프가 모든 계열의 비평가들에게 진지한 대접을 받게 됨으로써, 울프 당시의 여성작가들은 물론 과거의 여성작가들도 진지하게 평가될 수 있었다. 페미니즘 문학 비평이 나오면서 그동안 숨겨져 있던 무명의 여성작가들이 구출되기 시작했고, 여성의 작품이 당대 남성작가들의 작품에 비해 비평의 기회를 얻기도 힘들었고, 출판될 가능성도 더 적었다는 사실도 인정되었다. 이런 식의 토론이 가능하게 된 데에는 울프의 견해가 큰 공헌을 했다.

현대 여성작가들에게 든든한 디딤돌이 되어준 울프에게 가장 중요한 주제는 바로 여성작가가 된다는 것이 무슨 의미인가 하는 것이었다. 울프는 남성 모더니스트와 구별되는 자기만의 목소리를 찾기 위해 오랜 세월 고뇌했다. 그리고 그 과정에서 여성이 어떻게 세상을 바라보고 글을 쓰는가, 어떤 언어로, 어떤 대상에 대해 쓰는가에 주목했다. 울프에 의하면 여성의 경험은 남성의 것과 다르다. 전통적인 소설이나 시에 나타난 주제들만이 유일한 주제도 아니고, 그것만이 정상적이고 옳은 것도 아니다. 그것은 그저 일부 남성작가들에 의해 우연히 설정된 것일 뿐이다. 소설 형식이나 문학적인 문장 형식이라는 것도 기존 작가들이 만들어 놓은 것에 불과하다. 그리고 작가들은 대개 남성들이었다. 남성들은 스포츠나 전쟁, 권력 같은 데 관심이 있지만, 여성은 사교적인 경험이나 개인 간의 상호 작용 같은 것에 관심이 더 많다. 그렇다면 여성들도 자기들의 경험과 주장을 다른 방식으로 표현하고 싶어 하는 것이 당연하지 않겠느냐고 울프는 묻는다.

작가가 대개 남성이었다는 사실도 여성의 경제적, 가정적 상황 때문이라는 것이 울프의 주장이다. 우리가 위대한 여성 예술가를 거의 볼 수 없다면, 그건 여성들이 글을 쓸 줄 모르거나 그리지 못해서가 아니라 과거 여성의 경제적 지위 때문이기도 하다. 여성은 재산을 소유할 수 없었고, 그들 자신의 신체조차 자기 것이 아니었으며, 하루의 대부분을 말 그대로 집 안에 갇혀 지냈다. 그들에게 주어진 교육 수준 역시 그들을 독창적인 예술가나 작가로 키워낼 수 있는 것이 아니었다. 『자기만의 방』은 이처럼 여성들을 침묵시키고 배척한 역사에 관한 것이다. 울프는 역사 속의 아내와 딸들의 역할이 무엇이었는지를 묻는다. 그 질문에 답하고자 울프가 무엇보다도 강조하는 것은 남녀의 삶에 영향을 끼치는 물질적, 경제적, 역사적 조건들이다. 그 조건들이 바로 남녀가 세상을 보는 방식, 남녀 간의 인식과 상상력에 차이를 가져오기 때문이다.

셰익스피어의 누이와 메리 카마이클

『자기만의 방』의 절정은 '셰익스피어의 누이' 주디스라는 가공의 인물을 만들어 '셰익스피어에 견줄 만한 재능을 지닌 누이가 있었다면 어땠을까, 과연 그녀도 셰익스피어만큼 대문호가 될 수 있었을까' 하는 질문을 던지며 그 누이의 전기를 써내려 간 대목이다. 주디스는 오빠만큼 천재였지만, 성별 때문에 고통과 실패의 삶을 살다가 죽을 수밖에 없었다. 이 전기적 판타지를 통해 울프는 여성들의 현실적인 삶이 어땠는지, 어떤 사회적 제약을 감수해야 했는지를 비극적으로 묘사한 뒤, 그 삶이 어떻게 변화할 수 있는가를 모색한다.

울프는 16세기 셰익스피어의 누이 주디스와 함께 메리 카마이클이라는 20세기 초의 한 여성작가를 만들어낸다. 이 판타지의 두 주인공은 여성들의 현실을 대변하는 은유이다. 주디스는 유명한 자기 오빠에 못지 않은 재능을 타고났다 하더라도 결코 런던의 무대로도, 영국 문학사의 어느 한 귀퉁이에도 진출하지 못했을 것이다. 아니 애초에 희곡을 쓰고 그것을 무대에 올리는 기회조차 잡지 못했을 것이 뻔하다. 그녀의 가난과, 여성이라는 생물학적 조건, 그리고 여성이라는 이유로 자유를 누리지 못하는 상황들 때문에……. 주디스를 통해 여성의 낮은 경제적 지위, 사회에 의해 강요되는 여성의 침묵을 지적한 다음, 울프는 그 유명한 '일 년에 500파운드의 돈과 자기만의 방'에 관한 시나리오를 전개해 간다.[56] 그리고는 숙모에게서 유산으로 물려받은 돈이 있어서 창작생활을 할 수 있었던 현대 여성작가의 버전, 메리 카마이클을 등장시킨다. 재능이 있고, 혼자만의 공간에서 프라이버시를 가질 수 있고, 약간의 돈이 있다면 여성도 글을 쓸 수 있을 것이라는 얘기다. 이 경제적 조건을 강조하는 까닭은 바로 그것이 정신적 독립을 주기 때문이다. '지적 자유는 물질적인 것에 의존'하므로.[57] 울프가 이처럼 여성의 인간다운 삶에서 물질, 즉 자유로이 생각하고 원하는 대로 살아갈 수 있는 거처와 일정한 수입으로 표상되는 돈의 중요성을 인식하게 된 것은 바로 불안했던 자신의 젊은 시절, '힘없는 딸'로서 겪은 경험 때문이다.[58]

그렇다면 이제 독립적인 정신을 가진 개체로 서기 위한 가장 기본적인 조건, '자기만의 방과 돈'을 확보한 현대의 여성작가에 남겨진 과제는 무엇인가? 울프는 아직도 많은 여성작가들의 덜미를 잡고 있는 '집안의 천사'를 죽이라고 전한다.

그래야 '여자다운' 주제와 방식으로 쓸 것을 강요하는 검열에서 벗어날 수 있다고 조언한다. 그런 다음 울프는 이제 남성 중심적 시각으로 오염된 언어를 벗어나 새로운 문장과 방식으로 쓸 것을 주장한다. 미래의 여성작가들이 지금껏 기록되지 않은 보통 여성들의 삶, '다른 성들의 이야기'에 주목하고 그 묻힌 소리를 드러내려는 노력을 기울인다면, 글 한 줄 쓰지 못하고 교차로에 묻혀야 했던 주디스를 다시 부활시킬 수 있을 것이라며 용기를 준다.

집안의 천사를 죽여라

울프는 자유롭고 창조적이고, 비판적인 글을 쓰기 위해서 아직까지도 강력한 빅토리아 시대의 이상적인 여성상인 '집안의 천사'를 떨쳐내야 했다고 말한다. 여성의 삶을 제한하는 이 '이상적인' 이미지에는 여성의 창조력이나 차이가 들어설 여지가 없다. 그저 완벽하게 이상화된 현모양처의 상만이 있을 뿐이다. 이는 매우 장식적이고 정적인 존재이다. 그녀의 에세이 『여성의 직업』에서 울프는 정직한 글을 쓰지 못하게 하는 이 유령 같은 존재를 없애야 했던 고충을 이야기한다.

내가 서평을 써낼 수 있으려면 이 분명한 유령과 싸워야 한다는 사실을 깨달았다. 여자였던 그 유령과 좀 가까워지자 나는 유명한 시의 여주인공 이름을 따서 '집안의 천사'

라고 불러주었다. 그 여자는 내가 서평쓰기에 몰두하고 있을 때 나와 내 종이 앞에 나타나곤 했다. 그녀가 나를 귀찮게 하고 시간을 낭비하게 만들며 괴롭히길래 마침내 나는 그녀를 죽여버렸다.……나는 가능한 한 짧게 그녀를 묘사하겠다. 그녀는 정말 대단히 동정적이다. 그녀는 어마어마하게 매력적이다. 전혀 이기심이 없었다. 가정생활의 어려운 문제들을 척척 풀어 가는 능력이 있었다. 매일같이 자신을 희생시켰다.……한마디로 그녀에게는 자기만의 정신이나 소망 같은 것이 전혀 없고 그저 타인의 정신이나 소망에 언제나 따르는 것을 더 선호했다.[59)]

이 유령은 사실 그녀의 따스했던 어머니의 모습을 연상시키며, 『등대로』에서 램지 부인의 모습으로 등장한다.

자기 검열에서 벗어나라

여성작가는 중요한 것으로 여겨지는 주제에 맞추기 위해 세상에 대한 자신의 시각을 왜곡해야만 한다. 여성의 글쓰기 방식과 주제를 무시하고 하찮게 보는 남성의 말, 남성적 문화의 검열을 의식하기 때문이다. 여성작가는 집안의 천사만큼이나 보이지 않는 검열관의 억압을 받는 것이다. 울프는 당시의 여성작가들에게 자기만의 돈과 자기만의 방을 갖는 것이 가장 중요한 조건이고, 그 조건이 갖추어진다면 제어당하지 않는 자유로운 정신을 가질 수 있을 것이라고 주장했다. 울프 자신도,『자기만의 방』을 출판하던 즈음에는 그녀 인생에서 가장 부자라고 느낄 정도로 소득이 갑자기 많아진 때였고, 그로 인해 어느 것도 눈치 보지 않고 글을 쓸 수 있게 되었다. 그럼에도 울프는 자신이 천사와의 첫 번째 싸움에서는 승리했으나 다른 싸움, 즉 여성의 성생활 같은 자기 육체의 체험을 있는 그대로 말하는 것에서는 아직도 남성의 검열에 의해 통제당하고 방해받는다고 고백했다.[60]『자기만의 방』이 나온 지 이미 반세기가 넘은 지금, 사실상 많은 현대의 여성작가들이 울프가 부르짖던 경제적 조건은 확보했다고 할 수 있다. 그러나 과연 지금의 여성작가들이 검열된 자의식을 훌훌 벗고 자기 마음속의 모든 생각을 원하는 대로 마음껏 쓰고 있는가? 자신 있게 그렇다고 말할 수 있는 이는 많지 않을 것 같다.

남성과 다르게 써야 한다

여성이 역사적으로 글을 못 쓰도록 방해받았다는 점 외에 울프가 주장하는 것이 또 하나 있다. 여성은 남성과 다른 방식으로 말하고 글 쓰며, 또 반드시 다른 방식으로 써야 한다는 사실이다. 이 주장이 매우 많은 논란을 불러일으키는 까닭은, 결국 우리에게는 언어가 하나밖에 없기 때문이다. 울프는 우리가 사용하는 언어의 대부분이 성차별화되어 있고 여성적인 것보다는 남성적인 감각을 더 많이 내포한다는 사실을 주장한

최초의 작가일 것이다. 울프는 문장의 구조조차도 무겁게 젠체하며, 논리적으로 구성되고 구조적으로 연결된다고 생각한다. 이것은 여성들에게서 더 흔하게 나타나는 유동성과 균형잡힌 견해 등의 요소를 거부하는 방식이다. 울프는 『자기만의 방』에서 이런 생각을 바로 그 유연하고도 덜 논리적인 문체로 표현한다. 결국 여성들은 인생을 다르게 바라보고, 전혀 다른 이미지를 보며, 엄격한 정의나 행동 중심의 모험보다는 주로 사람들 간의 상호관계에 주목한다는 것이다. 지금까지의 문학은 그것을 하찮은 것으로 무시해 왔으며, 너무나 많은 사람들의 시각과 언어와 표현이 거부당해 왔고, 또 평가 절하되어 왔다는 것이 울프의 주장이다.

여성이 자기가 원하는 그대로 글을 쓸 수 있기 전에 해결해야 할 문제가 아직 너무나 많다. 제일 먼저 기술적인 어려움이 있다. 너무나 간단해 보이지만 사실은 대단히 좌절스러운 문제이다. 문장의 형식 자체가 여성과 맞지 않기 때문이다. 그것은 남성이 만든 문장이다. 그것은 여성이 사용하기에는 너무 느슨하거나 너무 무겁거나 너무 젠체한다.61)

이것은 여성의 글이 남성의 글보다 낫다고 주장하는 것이 아니다. 여성의 경험과 표현이 지금까지의 글에서 빠져 있었고, 또 강등되어 왔으니 이제 균형을 잡아야 할 필요가 있다는 것이다. 그리고 여성의 글에서 드러나는 새로운 주제, 새로운 사고 과정, 새로운 언어와 표현들이 그간의 관례적이고 전통적인 작가들의 주제와 사상, 언어와 동등한 것으로 받아들여져야 한다는 것이다. 따라서 오늘의 여성작가들이 정말로 자신과 자기 삶을 표현하고 싶다면 다른 리듬과 이미지와 언어를 사용해 써야 할 것이다. 남성이 소유한 정신의 무게, 속도, 보폭은 여성의 것과 너무나 달라서 남성들로부터 어떤 의미 있는 것을 발견해내기가 힘들다. 결국 여성이 글을 쓰려면, 문장구조도 그렇지만 아예 소설의 모양 또한 바꾸어야 한다고 울프는 보았다.

페미니즘 메시지를 모더니즘 문체로

이 에세이에서 울프가 보여준 문체상의 혁신을 들라면, 페미니즘적 성향을 의도적으로 보였다는 점이다. 그녀는 일사불란하게 한 목소리로 주장하지 않고 작품의 화자인 '나'를 여러 인물로 바꾼다. 확신을 갖고 자기주장을 하다가 말줄임표로 흐리기도 하고, 진지하고 심각하게 말하다가 장난스런 유머를 발휘하는 등 유연한 문장들을 구사한다. 설명보다는 암시로, 공격적이기보다는 겸손하고 방어적인 태도로 말하면서, 분노의 감정은 최대한 배제하고 부드러운 대화체를 통해 여러 시공간을 넘나드는 의식의 흐름 기법을 사용한다. 인간의 마음은 "늘 그 초점을 바꾸고 세상을 다양한 관점으로 보게" 한다는 사실에 주목하는 모더니즘 기법을, 지금까지의 문학 속에서 감추어져 있던 여성들의 경험을 드러내는 페미니즘의 도구로 사용하는 것이다.[62] 따라서 문학적 관례나 소설 언어, 소설 형식에 끼진 그녀의 도전은 그 자체로서 순수한 실험인 동시에 페미니스트적인 탐색이었다고 할 수 있다.

버지니아 울프, 문학적 대모

　울프는 익명의 서평작가로 출발해 오랜 시간의 무명을 거친 뒤, 말년에 많은 독자를 거느리며 최고의 명성을 누린 작가이다. 그러나 울프 사후의 평가는 상대적으로 경시되는 분위기였다. 1960년대와 1970년대까지만 해도 남성 비평가들로 포진된 영문학계는 버지니아 울프를 단지 실험소설 몇 편과 단편, 약간의 에세이와 작가의 일기를 쓴 연약한 여류작가 정도로 인식했고, 조이스나 엘리엇, 로렌스 등과 함께 분류될 수 없는 이류 모더니스트로 설명했다. 그러나 페미니즘 비평과 함께 울프의 많은 부분이 새로이 해석되고 인정되는 과정을 거치면서 1990년대 이후 울프의 지위는 놀랄 만큼 높아졌고, 현재 울프의 많은 작품이 모더니즘과 페미니즘의 정전으로 대접받고 있다. 그러나 아직도 많은 부분이 과소평가되고 있는 것이 사실이다. 특히 그녀의 모든 주요 주제들이 거의 완벽한 형태로 배태되어 있는 습작기의 단편들이 그렇고, 페미니즘 메시지가 더욱 선명해진 후기 1930년대 작품들도 최근에 와서야 제대로 이해받기 시작한 감이 든다. 또한 남성의 영역이라고 여겨진 비평 분야에서 남성 전통과 싸우며 써낸 500여 편에 달하는 에세이들 역시 상대적으로 덜 중요하게 취급되었다. 그러나 1990년대 들어와 울프의 에세이를 새로운 시각으로 읽기 시작하면서 그녀가 남긴 에세이 전체를 하나로 조망하는 시도가 진행되고 있다. 현재 앤드류 맥닐리가 울프의 에세이를 연대순으로 배열, 편집해 6권으로 펴내는 작업을 하고 있다. 이것은 감히 울프 연구의 르네상스라고 할 만한 변화이다. 퍼내도 퍼내도 마르지 않는 우물처럼 작가 울프는 독자와 연구자들에게 새로운 자극과 흥미를 지닌 존재로 다가오고 있다.

1970년대 이래 여성 비평가들은 울프를 문학적 대모로 삼기 시작하였다. 울프는 가부장적 가치관에 도전했을 뿐 아니라 세상과 자아를 이해하고 표현하는 방식에 도전했다는 점에서 하나의 역할 모델이 되어주었다. 루이스 드 살보와 새라 러딕 같은 비평가들은 울프가 자신의 창작에 중추적인 역할을 했다고 칭송하면서, 울프의 소설과 일기와 에세이에서 영감을 받아 자신들의 목소리를 찾을 수 있었노라고 고백하는 글을 썼다.[63] 캐롤린 하일브런도 『여자의 일생에 관한 글쓰기』에서 울프를 대표적인 예로 사용하여 여성작가의 정체성과 문학적

문제를 연관시켰다.[64]

　지금까지 버지니아 울프에 대한 이미지나 평가는 사뭇 다양하게 변천되어 왔다. 속물적 엘리트 그룹의 일원, 실험적 모더니스트, 정신질환자, 성추행의 희생양, 열렬한 페미니스트 등 그녀에 대한 세간의 평가는 여러 각도에서 시도되어 왔다. 그러나 그녀의 작품과 일생을 함께 자세히 들여다본 사람이라면 누구나 가슴 깊이 남는 이미지를 한 가지 간직하게 된다. 그것은 서평, 에세이, 일기, 편지, 강연 등의 엄청난 작업량을 매일매일 하루도 거르지 않고 지속한 완벽주의 프로의 모습이다. 그녀가 남긴 작품의 양을 보면 무시무시한 기분이 들 정도이다. 생전에 남긴 작품들의 양도 많았지만, 사후 끊임없이 새로 발견되는 에세이와 논평과 자서전과 편지, 일기 등으로 인해 그녀의 작품 규모는 엄청나게 커졌다. 덕분에 그녀에 대한 20세기의 인식도 약간의 실험적 작품을 남긴 연약한 이미지의 여류작가에서 가장 전문적이요, 완벽주의적이며, 열성적이고, 용감하고, 언어에 몸 바친 작가 중 한 사람으로 바뀔 수 있었다. 그녀는 병으로 드러누운 해에도 (1925년처럼) 소설 한 편과 에세이집을 수정해 출간했고, 여덟 편 정도의 단편을 썼으며, 다른 소설에 착수하고 평론 37편을 발표했고 꾸준히 일기를 썼으며, 엄청나게 많은 책을 읽었고 편지도 수없이 썼다. 버지니아 울프는 병약했을지 모르나 진정 강인한 정신의 소유자였고 끈질긴 프로 의식으로 무장된 작가였다.

주

1) Carolyn G. Heilbrun, "Virginia Woolf in Her Fifties"(*Hamlet's Mother and Other Women,* New York : Ballantine Books, 1990), pp.90-113.

2) Carolyn G. Heilbrun, *Writing A Woman's Life*(New York : Ballantine Books, 1988), p.28. 같은 책의 번역본도 나와 있다(캐롤린 하일브런, 김희정 옮김, 『셰익스피어에게 누이가 있다면 : 여자들에 대한 글쓰기』, 여성신문사, 2002).

3) 버지니아 울프, 『자기만의 방』(오진숙 옮김, 솔출판사, 1996), p.161. 버지니아 울프의 작품을 읽고자 하는 일반 독자들의 편의를 위해, 이하 울프의 작품 인용 중 우리말로 번역된 것이 있는 경우 될 수 있으면 번역본의 페이지를 명시하였다.

4) 김희정, 「버지니아 울프의 『자기만의 방』 : 모더니즘을 통한 페미니즘」(『신영어영문학』 22집, 신영어영문학회, 2002), pp.19-20.

5) 에스터 하딩, 『사랑의 이해』(김정란 옮김, 문학동네, 1996), p.31, pp.43-44.

6) 버지니아 울프, 『3기니』(태혜숙 옮김, 여성사, 1994), p.190.

7) Virginia Woolf, *The Diary of Virginia Woolf*(Anne Oliver Bell(ed.), vol2. New York : Penguin Books, 1981), p.186.

8) 버지니아 울프, 『자기만의 방』, p.78.

9) 버지니아 울프, 『3기니』, p.225.

10) 앞의 책, pp.232-233.

11) 앞의 책, p.124.

12) 앞의 책, p.231.

13) 앞의 책, p.241.

14) 앞의 책, p.194.

15) Anna Snaith, *Virginia Woolf : Public and Private Negotiations*(Basingstoke, Macmillan, 2000), p.9.

16) Jane Dunn, *Virginia Woolf And Vanessa Bell : A Very Close Conspiracy* (London : Pimlico, 1990). 버지니아 울프와 언니 바넷사 벨이 소녀 적부터 각자 작가와 화가로 성장할 수 있도록 서로 의지하고 돕고 협동했던 관계를 '은밀한 공모'라는 관점에서 집중 조명한 연구서이다.

17) Virginia Woolf, "Sketch of the Past"(*Moments of Being,* Jeanne Schulkind(ed.), Sussex UP, 1985), p.157.

18) Louise A. DeSalvo, *Virginia Woolf : The Impact of Childhood Sexual Abuse on Her Life and Work*(Ballantine Books, 1989), p.66.

19) 앞의 책, p.239.

20) 버지니아 울프, 『3기니』, p.27.

21) 허마이오니 리, 『존재의 순간들, 광기를 넘어서』 제1권(정명희 옮김, 책세상, 2001), p.243. (Hermione Lee, *Virginia Woolf*, London : Chatto & Windus limited, 1996의 번역본이다.)

22) Virginia Woolf, *The Diary of Virginia Woolf*. vol 3, p.208.

23) 허마이오니 리, 앞의 책, p.416.

24) Virginia Woolf, *The Letters of Virginia Woolf*(Nigel Nicolson and Joanne Trautmann(ed.), vol 1, Hogarth Press, 1975~1980), p.570, p.466. 버지니아 스티븐이 언니 바넷사에게 보낸 편지 중에서.

25) 버지니아 울프, 「현대 소설」(정덕애 편역, 『끔찍하게 민감한 마음 : 버지너어 울프의 문학예술 에세이』, 솔출판사, 1996), pp.116-117.

26) 버지니아 울프, 「베네트 씨와 브라운 부인」(앞의 책), p.142.

27) 버지니아 울프, 「현대 소설」(앞의 책), p.113.

28) 버지니아 울프, 「베네트 씨와 브라운 부인」(앞의 책), p.132.

29) 앞의 글, p.127.

30) 버지니아 울프, 「현대 소설」(앞의 책), p.118.

31) 버지니아 울프, 「끔찍하게 민감한 마음-캐더린 맨스필드」(앞의 책), p.62.

32) 버지니아 울프, 『댈러웨이 부인』(정명희 옮김, 솔출판사, 2003), p.15.

33) 앞의 책, p.48.

34) 앞의 책, p.45.

35) 앞의 책, p.161.

36) 앞의 책, p.132.

37) 앞의 책, p.133.

38) 앞의 책, p.241.

39) Virginia Woolf, *The Diary of Virginia Woolf*. vol 3, pp.18-19. (1925년 5월 14일 일기.)

40) Heilbrun, Carolyn, "*To the Lighthouse*: The New Story of Mother and Daughter"(*Hamlet's Mother and Other Women*, New York : Ballantine Books, 1990), pp.160-161.

41) 버지니아 울프, 『자기만의 방』, p.176.

42) Woolf, Virginia, "Professions for Women"(*Virginia Woolf On Women & Writing*, Michele Barrett(ed.), The Women's Press, 1979), pp.58-60.

43) 버지니아 울프, 『등대로』(박희진 옮김, 솔출판사, 1996), p.9.

44) 앞의 책, p.9.

45) 앞의 책, p.10.

46) 앞의 책, p.10.

47) 앞의 책, p.10.

48) 앞의 책, p.258.

49) 앞의 책, pp.47-48.

50) 앞의 책, p.52.

51) 앞의 책, pp.12-13.

52) 앞의 책, p.115,

53) 앞의 책, pp.115-116.

54) 앞의 책, p.196.

55) 앞의 책, p.197.

56) 버지니아 울프의 전기를 쓴 울프 학자 허마이오니 리에 의하면, 이 500파운드의 돈을 지금의 화폐가치로 치면 중산층의 평균 수입인 25,000파운드에 상당하는 금액쯤 될 것이라고 추정한다.

57) 버지니아 울프, 『자기만의 방』, p.194.

58) 버지니아 울프, 『3기니』, p.32.

59) Virginia Woolf, "Professions for Women"(*Virginia Woolf On Women & Writing*), pp.58-59.

60) 앞의 글, p.62.

61) Virginia Woolf, "Women and Fiction"(*Virginia Woolf On Women & Writing*), p.48.

62) 버지니아 울프, 『자기만의 방』, p.177.

63) Louise A. DeSalvo, "A Portrait of *Puttana* as a Middle-Aged Woolf Scholar" & Sara Ruddick, "New Combinations : Learning from Virginia Woolf"(*Between Women : Biographers, Novelists, Critics, Teachers and Artists Write About Their Work on Women*, Routledge, 1993).

64) 캐롤린 하일브런, 『셰익스피어에게 누이가 있다면 : 여자들에 대한 글쓰기』(김희정 옮김, 여성신문사, 2002).

버 지 니 아 울 프 살아남은 여성 예술가의 초상

펴낸날	초판 1쇄 2004년 1월 15일
	초판 3쇄 2012년 3월 16일

지은이   **김희정**
펴낸이   **심만수**
펴낸곳   **(주)살림출판사**
출판등록 1989년 11월 1일 제9-210호

경기도 파주시 문발동 522-1
전화   **031)955-1350**   팩스 **031)955-1355**
기획 · 편집 **031)955-4662**
http://www.sallimbooks.com
book@sallimbooks.com

ISBN 978-89-522-0181-2   04080